Le Secret

de

la Conjugaison

Ou

la Conjugaison

Pfff..., trop facile !..

Avant je disais : J'suis nul !

... Maintenant, non seulement je suis bon en conjugaison

mais j'adore ça !

Toute demande devra être adressée à :

Editions HAPPYPARENTS
664 Chemin du Bois
69140 Crépieux-la-Pape
E-mail : edullin@happyparents.com

Illustration de la première de couverture par Delphine Dullin

Autres ouvrages édités par les Editions HAPPYPARENTS®

Le Secret des Tables de Multiplication

Apprendre à lire l'Heure

La légende du Père Noël

Apprendre à Apprendre

L'art d'Enseigner les Mathématiques au Collège

L'art d'Enseigner le Français au Collège

L'art d'Enseigner les Maths en famille

Le Coaching Scolaire et Familial

Formation et jeu vidéo en ligne (présentés sur notre site)

Le Jeu vidéo en ligne « *Qui veut être Champion des Multiplications* » : il reprend la méthode des tables sous la forme d'une émission de télévision. Il est accompagné d'un module de révision avec classement, super trophée, etc.

Le *module e-Learning Apprendre à Apprendre* : intéressant particulièrement à partir de la 6ième, il donne tout ce qu'il faut savoir pour optimiser son apprentissage au collège, lycée et après.

Université HAPPYPARENTS Maths et Français : tous les programmes primaire et collège Maths et Français en ligne (vidéos de Bernadette) avec la pédagogie HAPPYPARENTS.

SOMMAIRE

PREAMBULE

Cet ouvrage est dédié à tous les jeunes écoliers qui aimeraient s'y retrouver dans ce vaste domaine ...

Il est dédié à tous les jeunes qui ont des difficultés pour apprendre ; eux aussi vont pouvoir s'y retrouver.

Il est dédié aux collégiens qui en ont fait beaucoup mais qui ne s'y retrouvent toujours pas.

Il est dédié à tous les étrangers, petits et grands qui apprennent le français et pour qui la conjugaison est difficile à appréhender.

Il est dédié aux familles qui s'occupent de leurs jeunes et qui aimeraient pouvoir mieux les accompagner dans cette matière.

C'est pourquoi je vais m'adresser directement aux jeunes en utilisant la 2ème personne du singulier.

Il est enfin dédié aux enseignants à qui revient la tâche d'apprendre notre belle langue ; le français est sans nul doute, à l'oral comme à l'écrit, un apprentissage fondamental et essentiel préalable à tout autre ou à toute bonne communication!

Je vais supprimer de celui-ci, déjà conséquent, le passé du conditionnel deuxième forme ainsi que l'imparfait et le plus que parfait du subjonctif.

Je voudrais dire aux grands et aux petits :

Vous voyez la conjugaison, je vais vous la présenter simplement mais il vous arrivera parfois de ne plus savoir, d'avoir « un petit trou » ou d'avoir une envie irrésistible de vérifier...

Vous trouverez en annexe, 54 verbes conjugués ; les verbes indispensables à connaitre en sortant du primaire. Moi-même, il m'arrive d'y avoir recours !

C'est terriblement rassurant, pour ceux qui ont tant de mal à mémoriser ou à avoir de bonnes notes, d'apprendre que mêmes les adultes, et même les enseignants, parfois, ont besoin de vérifier l'orthographe d'un mot ou la conjugaison d'un verbe.

LA PAGE LA PLUS IMPORTANTE DE LA METHODE

Pour optimiser cet apprentissage, il faut que tu travailles régulièrement (tous les jours 5 à 10 minutes) et avant de faire des exercices, récite les tableaux de terminaisons.

Si tu es en Cours Elémentaire ou si tu as du mal à apprendre tu peux, dans un premier temps, garder le tableau sous les yeux comme une référence. Ça te rassurera. Puis, tu cacheras le tableau et tu retrouveras les terminaisons avant d'écrire ta réponse…

Tu verras, petite étape par petite étape, la conjugaison va te paraître un exercice facile, agréable et… reposant… grâce à l'aspect systématique que je lui ai donné !

Il faut donc s'assurer que tu possèdes bien la première étape avant de passer à la seconde et ainsi de suite.

Tu te rendras compte que tu sais, si tes exercices sont justes et si tu sens que tes réponses viennent assez vite et aisément.

A ce moment-là, tu pourras passer à la suite.

Voici l'itinéraire que tu suivras :

- 1 - Vue panoramique et repérage du sujet
- 2 - Les différentes groupes du verbes
- 3 - Les modes
- 4 - La conjugaison en tableau

L'indicatif

- 5 - Auxiliaires Avoir et Etre
- 6 - Le présent
- 7 - Les subtilités du présent
- 8 - L'imparfait
- 9 - Les subtilités de l'imparfait
- 10 - Le futur
- 11 - Les subtilités du futur
- 12 - Le passé simple
- 13 - Les subtilités du passé simple
- 14 - Les temps composés : accord du participe passé dans le contexte de la conjugaison
- 15 - Le Passé Composé
- 16 - Le Plus-Que-Parfait
- 17 - Le Futur Antérieur
- 18 - Le Passé Antérieur

INTRODUCTION

A l'école primaire, la conjugaison est apprise par petites touches.

- On commence avec les auxiliaires « avoir » et « être » ;
- on essaie de faire repérer les différents groupes avec leur terminaison spécifique ;
- et puis on aborde le présent de verbes irréguliers, et là… la confusion commence.
- On passera à l'imparfait, au futur, au passé simple puis au temps composés avec, en tête, l'idée qu'il y a tellement de cas particuliers qu'il est dur de ne pas s'égarer. On a le sentiment qu'il faut une mémoire d'éléphant pour mémoriser toutes les singularités.

On sort du primaire en faisant « au petit bonheur la chance » pour chaque verbe de la dictée. On essaie de se souvenir comment tel verbe était écrit dans le livre de Harry Potter mais… on met un « s » là où il aurait été préférable de mettre « ds »… et c'est une mauvaise note qui couronnera notre temps de réflexion ;-)

Le problème de la conjugaison vient du fait que l'on apprend petite bribe par petite bribe sans vue d'ensemble.

Je vais vous donner cette vue panoramique et vous transmettre la logique de la conjugaison française. L'enfant aura ses repères et conjuguera avec évidence et justesse.

Cette méthode a métamorphosé des « jeunes désespérés de la conjugaison » en champions.

Par la suite, c'est grâce à leurs conjugaisons que leur moyenne en français a grimpé !

En conjugaison il y a peu de choses à apprendre en définitive !… Si, si !! Je vous expliquerai pourquoi et comment…

En revanche, surtout au début, il faut beaucoup s'entraîner ; en tout cas s'entraîner régulièrement.

Quand le réflexe est pris ; il n'est plus possible de se tromper.

VUE PANORAMIQUE DE LA CONJUGAISON FRANÇAISE

Le verbe dans la phrase a un rôle important. C'est lui qui donne l'action en cours.

Sais-tu comment on reconnaît un verbe dans une phrase ?

On met différents **mots magiques** (comme : hier ou demain ou …) devant la phrase et on observe le ou les mot(s) qui change(nt) ensuite dans cette phrase :

Exemple : Je te donne ce livre

⇨ hier, je te ***donnais*** ce livre

⇨ demain, je te ***donnerai*** ce livre

Tu vois, quand on change le mot magique, le seul mot qui a changé : c'est donne ; donne est un verbe.

Je voudrais te rappeler que la conjugaison sert à accorder correctement le verbe !

Pour cela, il faudra :

1. Chercher le sujet du verbe

2. Regarder à quel groupe appartient ce verbe,

3. L'accorder en fonction de la personne, du temps et du mode.

LE SUJET DU VERBE

Il existe une question magique pour accorder tous les verbes SANS EXCEPTION (pour une fois, profitons-en !) :

QUI EST-CE QUI + VERBE ?

Cherchons le sujet dans la phrase : Le chien aboie

QUI EST-CE QUI aboie ?
Réponse : le chien

Chien est sujet du verbe aboie

ATTENTION !

Le sujet peut parfois se trouver après le verbe ; on parle alors de **sujet inversé**.

Penses-tu venir demain ?

QUI EST-CE QUI pense venir demain ?
Réponse : Tu
Tu est sujet du verbe penses

Méfions-nous des LES devant le verbe.

Je les regarde

QUI EST-CE QUI regarde ?
Réponse : Je
Je est sujet du verbe regarde

(« les » est devant le verbe regarde et les enfants ont tendance à dire :
c'est « les » qui regarde. D'où l'intérêt de poser la question :
QUI EST-CE QUI regarde ?)

Nous avons souvent envie d'aller plus vite et nous ne posons pas la bonne question. Voici la question ou l'affirmation à éviter : « qui ? » ou « c'est les qui regarde car il est devant regarde »

Une mauvaise question entraîne une mauvaise réponse ; et le mot est mal orthographié.... !!

La seule et bonne question à se poser pour trouver le sujet

sans JAMAIS se tromper c'est :

QUI EST-CE QUI + verbe ?

LES DIFFERENTS GROUPES DU VERBE

Dans la langue française, il y a **3 groupes** de verbes :

1er groupe	2ème groupe	3ème groupe
Les verbes terminés par ER	Les verbes terminés par IR et qui font : en -issant	Les verbes terminés par IR qui ne font pas « en -issant » + tous les autres
jouer	finir → en finissant	partir → en partant prendre, vouloir, dire…

Remarque :

Aller → 1er groupe car il est terminé par ER mais il est tellement irrégulier qu'habituellement on le classe dans le…

→ 3ème groupe

Pour t'entraîner : prends une jolie boîte dans laquelle tu déposes des petits bouts de papier que tu auras découpés et, sur chacun d'eux, écris un verbe à l'infinitif. Prends ceux de la liste en annexe.

Ensuite : fais trois belles étiquettes : 1er groupe, 2ième groupe, 3ième groupe. Tu écris en gros et en couleur. Tu mets sur la table ces belles étiquettes.

Après avoir mélangé tes petits bouts de papier, tu vas piocher les verbes un par un et les déposer sous l'étiquette correspondant à son groupe !

LES MODES

Sais-tu combien il y a de modes dans la conjugaison française ?

Il y en a 6

D'abord les trois « **IN** » :

INfinitif
INdicatif
IMpératif

Puis,

Conditionnel
Subjonctif
Participe

Sache qu'à tous les modes, il y a des **temps simples** et des **temps composés** !

Pourquoi utilise-t-on la terminologie « temps simple » ou « temps composé » ?

Dans un temps simple, on a le sujet et le verbe (un seul mot pour la forme verbale).

Tu connais des prénoms composés comme Marie-Christine, Pierre-Hugo… Au pays des verbes, c'est pareil.

Dans les temps composés, on a le sujet et deux mots pour la forme verbale : un auxiliaire (avoir ou être) et le verbe (sous la forme de son participe passé).

Par exemple : j' ai joué

Pour savoir comment conjuguer un verbe à un temps composé, apprendre le tableau ci-après par cœur. Tu verras, en apprenant simplement à quel temps simple, chaque temps composé correspond, tu sauras sous quelle forme écrire l'auxiliaire.

Pour illustrer mon propos, regardons ensemble le mode Indicatif :

Le mode Indicatif est composé de **4 temps simples** et de **4 temps composés** correspondants

Temps simples	**Temps composés**
Présent	Passé composé
Imparfait	Plus que parfait
Futur	Futur antérieur
Passé simple	Passé antérieur

Remarque bien, je n'ai pas mis n'importe quel temps simple en face de n'importe quel temps composé !

En effet :

Pour écrire un verbe au **passé composé**, on utilisera l'auxiliaire « avoir » ou « être » au présent auquel on ajoutera le participe passé.

Présent : je joue Passé composé : j'ai joué
« ai » est l'auxiliaire « avoir » conjugué au présent.

Pour écrire un verbe au **plus-que-parfait**, on utilisera l'auxiliaire « avoir » ou « être » à l'imparfait auquel on ajoutera le participe passé.

Imparfait : je jouais Plus que parfait : j'avais joué
« avais » est l'auxiliaire « avoir » conjugué à l'imparfait.

Pour écrire un verbe au **futur antérieur**, on utilisera l'auxiliaire « avoir » ou « être » au futur auquel on ajoutera le participe passé.

Futur : je jouerai Futur antérieur : j'aurai joué
« aurai » est l'auxiliaire « avoir » conjugué au futur.

Pour écrire un verbe au **passé antérieur**, on utilisera l'auxiliaire « avoir » ou « être » au passé simple auquel on ajoutera le participe passé.

Passé simple : je jouai Passé antérieur: j'eus joué
« eus » est l'auxiliaire « avoir » conjugué au passé simple.

En résumé

Les temps composés sont conjugués avec :

1. l'auxiliaire « avoir » ou « être » conjugué au temps simple correspondant
   (celui qui est sur la même ligne)

   +

2. le participe passé

Maintenant, apprends le tableau de l'indicatif pour te souvenir de la correspondance de chaque temps simple avec son temps composé correspondant.

Prends une feuille et essaie de refaire le tableau de l'indicatif :

Tu fais deux colonnes au-dessus desquelles tu écris temps simples et temps composés
Dans chaque case tu notes les temps

Voici maintenant, l'ensemble des temps de la conjugaison, présentés sous forme de tableau, temps simples à gauche et temps composés correspondants à droite.

Deux pages qui peuvent être photocopiées pour que :

- tu économises du temps quand tu fais des conjugaisons (regarde, tu n'auras même pas à écrire les pronoms personnels, ils sont écrits pour toute la ligne),
- tu te concentres sur l'essentiel,
- tu t'aperçoives que la conjugaison est une mécanique simple et répétitive.

Cette présentation rassurante, systématique, te facilitera cet apprentissage.

J'en ai profité pour noter à côté de chaque temps simple, le mot magique à retenir. Les mots magiques te permettent d'entendre ce qu'il faut écrire. En effet, la conjugaison est tellement vaste et diversifiée que, pour te faciliter cet apprentissage, je souhaite soulager ta mémoire et faire travailler ton oreille.
Pour écrire par exemple, le verbe faire au présent. Prends le mot magique : Maintenant. Dis : « maintenant je fais la vaisselle » et écris-le !

Tu remarqueras que je n'en ai notés que pour les temps simples. En définitif, c'est suffisant puisqu'aux temps composés, on met l'auxiliaire au temps simple correspondant et on ajoute le participe passé.

Ces deux tableaux sont à apprendre par cœur, les mots magiques avec.

Ne t'inquiète pas, je ne te donnerai pas beaucoup à apprendre par cœur, juste le minimum indispensable. Le plus gros du travail, on le confiera à ton oreille ! C'est elle qui te guidera…

Si tu ne sais pas conjuguer un verbe, ton oreille, elle, elle sait ».

Propose-lui le mot magique et le verbe à l'infinitif, elle va te dire ce qu'il faut écrire !

S'il te restait une petite hésitation, aide-toi d'une phrase simple.

Supposons qu'il faille conjuguer le verbe cueillir au futur :
Prends le mot magique « demain » et invente une toute petite phrase :
Demain, je cueillerai des fleurs.

Si le jeune retient seulement les tableaux et les mots magiques, il aura tous les repères indispensables. Ils seront la « substantifique mœlle » qui permettra de retrouver tous les temps.

En ne faisant travailler les jeunes en conjugaison que sur leur mémoire, on rend la conjugaison confuse. Je les fais beaucoup travailler avec leur oreille. Les enfants, dans la langue courante, ne font pratiquement pas de faute lorsqu'ils conjuguent spontanément.

Pour retrouver cette spontanéité au moment où ils ont besoin d'écrire les verbes, on va leur faire utiliser le mot magique et écouter ce qu'ils diraient. Ce qu'ils ont entendu sortir de leur bouche est exactement ce qu'on souhaite voir apparaître sur le papier.

Spontanément, notre oreille, en parlant, a retenu ce qui est juste. Elle va être une aide précieuse.

Si je leur dis, comment tu dirais : « demain, j'(avoir) un nouveau vélo ! »

Spontanément, ils répondent, « demain, j'aurai un nouveau vélo ! »

Si je leur dis, comment tu dirais : « demain, je (être) beau ou belle avec ce nouveau vêtement »

Spontanément, ils répondent : « demain, je serai beau ou belle avec ce nouveau vêtement »

Verbe à l'Infinitif : ________________

Indicatif

	Présent - Maintenant	Passé Composé
J		
T		
I		
N		
V		
Is		

	Imparfait - Hier	Plus-que-Parfait
J		
T		
I		
N		
V		
Is		

	Futur - Demain	Futur Antérieur
J		
T		
I		
N		
V		
Is		

	Passé simple - Jadis, le Roi et la Reine...	Passé Antérieur
J		
T		
I		
N		
V		
Is		

Verbe à l'Infinitif : ___________________

Conditionnel

	Présent – Si j'étais riche, je…	Passé
J		
T		
I		
N		
V		
Is		

Subjon**C**tif

	Présent – Il faut **que**…	Passé
Que J		
Que T		
Qu' I		
Que N		
Que V		
Qu' Is		

Impératif

	Présent – Donner un ordre !	Passé
T		
N		
V		

Participe

	Présent – En…	Passé

L'INDICATIF

Commençons par la conjugaison des auxiliaires **Avoir** et **Etre**

puisqu'ils vont servir à la conjugaison de tous les verbes.

L'auxiliaire AVOIR

	Présent - maintenant	Passé Composé
J	ai	**ai** eu
T	as	**as** eu
I	a	**a** eu
N	avons	**avons** eu
V	avez	**avez** eu
Is	ont	**ont** eu
	Imparfait - hier	Plus-que-Parfait
J	avais	**avais** eu
T	avais	**avais** eu
I	avait	**avait** eu
N	avions	**avions** eu
V	aviez	**aviez** eu
Is	avaient	**avaient** eu
	Futur - demain	Futur Antérieur
J	aurai	**aurai** eu
T	auras	**auras** eu
I	aura	**aura** eu
N	aurons	**aurons** eu
V	aurez	**aurez** eu
Is	auront	**auront** eu
	Passé simple - Jadis le Roi et la Reine...	Passé Antérieur
J	eus	**eus** eu
T	eus	**eus** eu
I	eut	**eut** eu
N	eûmes	**eûmes** eu
V	eûtes	**eûtes** eu
Is	eurent	**eurent** eu

L'auxiliaire ETRE

Pour les temps composés, ETRE a besoin de son copain AVOIR

	Présent - maintenant	Passé Composé
J	suis	ai été
T	es	as été
I	est	a été
N	sommes	avons été
V	êtes	avez été
Is	sont	ont été
	Imparfait - hier	**Plus-que-Parfait**
J	étais	avais été
T	étais	avais été
I	était	avait été
N	étions	avions été
V	étiez	aviez été
Is	étaient	avaient été
	Futur - demain	**Futur Antérieur**
J	serai	aurai été
T	seras	auras été
I	sera	aura été
N	serons	aurons été
V	serez	aurez été
Is	seront	auront été
	Passé simple - Jadis le Roi et la Reine…	**Passé Antérieur**
J	fus	eus été
T	fus	eus été
I	fut	eut été
N	fûmes	eûmes été
V	fûtes	eûtes été
Is	furent	eurent été

Pour connaître le participe passé de ETRE : Hier, j'ai … content ? Ca s'écrit comme l'été!

Le Présent de l'Indicatif

Mot magique : **MAINTENANT**

Je vais faire un zoom sur les différents temps de l'indicatif.

Commençons naturellement par le plus simple d'entre eux : **le Présent**

Voici l'immense « placard » du Présent avec un tiroir pour chaque groupe et des compartiments pour chaque catégorie des verbes pour le 3ème groupe !

Ce tableau est à apprendre **par cœur**.

Je le leur présente en disant : tu vois, je t'ouvre le placard du présent. Il y a un certain nombre de tiroirs dans lequel les verbes sont rangés. Lorsque tu auras un verbe à écrire, repère à quel groupe de verbes il appartient et va tirer le tiroir des conjugaisons correspondant.

Bien sûr ce tableau doit te paraître énorme ; regarde ce que j'ai écrit en-dessous qui va t'aider à le retenir.

Terminaison des verbes au présent de l'indicatif

	1er groupe ER	2ème groupe IR + issant	3ème groupe: Tous les autres verbes						
			Vouloir Valoir Pouvoir	DRE	TRE	CRE	PRE	Dans la plupart des cas	aindre eindre oindre soudre
Je	e	is	x	ds	ts	cs	ps	s	s
Tu	es	is	x	ds	ts	cs	ps	s	s
Il	e	it	t	d	t	c	pt	t	t
Nous	ons	issons	ons						
Vous	ez	issez	ez						
Ils	ent	issent	ent						

Verbes du 1er groupe, verbes terminés par ER : aux trois premières personnes du singulier,

⇨ leurs terminaisons commencent par e

Verbes du 2ième groupe, verbes terminés par IR : aux trois premières personnes du singulier,

⇨ leurs terminaisons commencent par i

Verbes du 3ième groupe, aux trois premières personnes du singulier :

⇨ en général, ils font : **s , s , t**

⇨ les verbes **vouloir et pouvoir** font : **x, x, t**

⇨ pour ceux terminés par **DRE, ils conservent le D,** aux 3ières pers. du singulier : **ds, ds, d**

⇨ pour ceux terminés par **TRE, ils conservent le T,** aux 3ières pers. du singulier: **ts, ts, t**

⇨ pour ceux terminés par **CRE, ils conservent le C,** aux 3ières pers. du singulier: **cs, cs, c**

⇨ pour ceux terminés par **PRE, ils conservent le P,** aux 3ières pers. du singulier: **ps, ps, pt**
(pour ce dernier, il faut ajouter un t… aussi je leur dis, celui-ci est le seul qui soit vulgaire…
Ils rient et ne l'oublient pas !)

⇨ pour ceux terminés par **AINDRE, EINDRE, OINDRE et SOUDRE**

--- ATTENTION ! ---
CE SONT DES TRAITRES !

On pourrait croire qu'ils sont finis par DRE et les traiter tels quels, mais NON !
Ils sont bien finis par DRE mais, précédés par : AIN, EIN, OIN ou SOU,
il faut les traiter comme les verbes du 3ième groupe en général

⇨ Ils feront : **s, s, t**

Apprenons ensemble ce tableau :

Dis-moi,
-> Quelles sont les terminaisons des verbes en ER, au présent ?
-> Quelles sont les terminaisons des verbes en IR au présent ?
-> Quelles sont les terminaisons des verbes du 3 ième groupe en général au présent ?
-> Quelles sont les terminaisons des verbes pouvoir et vouloir au présent ?
-> Quelles sont les terminaisons des verbes en Dre au présent ?
(tu entends, j'ai dit en Dre…. et l'adulte insiste lourdement avec la voix sur D)
-> Quelles sont les terminaisons des verbes en TRE au présent ?
(tu entends, j'ai dit en Tre…. et l'adulte insiste lourdement avec la voix sur T)
-> Quelles sont les terminaisons des verbes en CRE au présent ?
(tu entends, j'ai dit en Cre… et l'adulte insiste lourdement avec la voix sur C)

-> Quelles sont les terminaisons des verbes en PRE au présent ?
(tu entends, j'ai dit en Pre…. et l'adulte insiste lourdement avec la voix sur P)

-> Quelles sont les terminaisons des verbes en EINDRE, AINDRE, OINDRE, SOUDRE, ces vilains traîtres… Plus tard, on essaiera de ne plus les qualifier de façon à ce que l'enfant se souviennent de cette subtilité !

Le moment est venu de leur faire conjuguer au présent les verbes ci-dessous, dans l'ordre indiqué.

- Soit le jeune connait déjà le tableau et il va s'apercevoir que : « ça marche ! »
- Soit il a besoin de s'y référer au début pour avancer d'une manière sûre ; c'est souvent le cas des enfants du primaire. Il va « avoir le droit » de le consulter pour réussir. Chemin faisant, il constatera, qu'effectivement, ce système fonctionne et très vite consentira à le retenir.

Exercice : conjuguer au présent les verbes suivants (il y en a un par compartiment du placard de la conjugaison du présent).
Pour retrouver ce qu'il faut écrire, prends le mot magique du présent : maintenant.
Par exemple, pour le verbe sortir : maintenant, je sor… .
Et pour savoir ce qu'il faut mettre à la fin, je me demande à quel groupe il appartient.
C'est un verbe du 3ième groupe en général, ses terminaisons seront s, s, t.
Donc je sors.

aimer	finir	sortir	vouloir	prendre
mettre	convaincre	rompre	craindre	peindre
joindre	résoudre			

	AIMER		FINIR		SORTIR	
J'	aim	**e**	fin	**is**	sor	**s**
Tu	aim	**es**	fin	**is**	sor	**s**
Il	aim	**e**	fin	**it**	sor	**t**
Nous	aim	**ons**	fin	**issons**	sor	**tons**
Vous	aim	**ez**	fin	**issez**	sor	**tez**
Ils	aim	**ent**	fin	**issent**	sor	**tent**

	VOULOIR		PRENDRE		METTRE	
Je	veu	x	pren	ds	me	ts
Tu	veu	x	pren	ds	me	ts
Il	veu	t	pren	d	me	t
Nous	voul	ons	pren	ons	mett	ons
Vous	voul	ez	pren	ez	mett	ez
Ils	veul	ent	prenn	ent	mett	ent

	CONVAINCRE		ROMPRE		CRAINDRE	
Je	convain	cs	rom	ps	crain	s
Tu	convain	cs	rom	ps	crain	s
Il	convain	c	rom	pt	crain	t
Nous	convaingu	ons	romp	ons	craign	ons
Vous	convaingu	ez	romp	ez	craign	ez
Ils	convaingu	ent	romp	ent	craign	ent

	PEINDRE		JOINDRE		RESOUDRE	
Je	pein	s	join	s	résou	s
Tu	pein	s	join	s	résou	s
Il	pein	t	join	t	résou	t
Nous	peign	ons	joign	ons	résolv	ons
Vous	peign	ez	joign	ez	résolv	ez
Ils	peign	ent	joign	ent	résolv	ent

On le sait tous : la langue française est faite de règles accompagnées d'exceptions ou de subtilités !

Pour le présent, comme pour tous les autres temps et modes, nous procèderons de la même manière, je donnerai d'abord le cas général puis nous verrons les quelques exceptions ou subtilités pour chacun d'eux. Je les ai clairement identifiées par familles de verbes. Il n'y en a pas tant que ça, courage !
Les connaitre permet de ne pas écrire dans le flou, « au petit bonheur la chance » !

Les subtilités du Présent de l'Indicatif

Les verbes en IER

Ils ont une particularité à prendre en compte !

Prenons par exemple le verbe Copier :

On dit « je copie ». Seulement, quand on entend le « i » on a très envie de lui mettre un « s ».

Or copier n'est pas un verbe en IR mais en ER !

Quand on conjugue, il faut toujours au préalable se demander à quel groupe appartient le verbe

Copier est un verbe du 1er groupe. Je lui mets les terminaisons du 1er groupe.

Je	copi	**e**
Tu	copi	**es**
Il	copi	**e**
Nous	copi	**ons**
Vous	copi	**ez**
Ils	copi	**ent**

Les verbes en UER

Ils ont une particularité à prendre en compte !

Prenons par exemple le verbe Jouer :

Quand on écrit « je joue », , je ne suis pas sûre qu'on mette spontanément un « e » à la fin !

Or, Jouer est un verbe du 1er groupe !

Il faudra donc penser à lui mettre les terminaisons des verbes du 1er groupe.

Je	jou	**e**
Tu	jou	**es**
Il	jou	**e**
Nous	jou	**ons**
Vous	jou	**ez**
Ils	jou	**ent**

D'où l'importance de se référer chaque fois au groupe du verbe afin de tirer le bon tiroir des terminaisons dans le placard du présent de l'indicatif

Les verbes en CER

Ils ont une particularité à prendre en compte !

Prenons par exemple le verbe Percer :

On entend le phonème « s » ; il faudra penser à la cédille !

Je	perc	e
Tu	perc	es
Il	perc	e
Nous	perç	ons
Vous	perc	ez
Ils	perc	ent

Les verbes en GER

Ils ont une particularité à prendre en compte !

Prenons le verbe Bouger :

On entend le phonème « J » ; il faudra penser à rajouter un « e » lorsque « g » sera suivi d'une voyelle forte comme : « o », « a » ou « u »

Je	boug	e
Tu	boug	es
Il	boug	e
Nous	bouge	ons
Vous	boug	ez
Ils	boug	ent

Les verbes en GUER et QUER

Ils ont une particularité à prendre en compte !

Prenons par exemple les verbes naviguer et fabriquer :

Ils gardent le « u » à tous les modes, à tous les temps, et toutes les personnes.

Je	navigu	e	Je	fabriqu	e
Tu	navigu	es	Tu	fabriqu	es
Il	navigu	e	Il	fabriqu	e
Nous	navigu	ons	Nous	fabriqu	ons
Vous	navigu	ez	Vous	fabriqu	ez
Ils	navigu	ent	Ils	fabriqu	ent

Les verbes en YER

Ils ont une particularité à prendre en compte !

Le « y » se changent en « i » devant un « e » muet, à tous les modes, à tous les temps, et toutes les personnes.

Prenons par exemple le verbe Payer :

Je	pai	e
Tu	pai	es
Il	pai	e
Nous	pay	ons
Vous	pay	ez
Ils	pai	ent

Il est temps de s'entraîner avec l'exercice suivant :
Ecrire au **présent de l'Indicatif** les verbes ci-dessous aux personnes indiquées.

Pour réussir l'exercice, n'oublions pas de chercher :
- le groupe du verbe
- les terminaisons du temps correspondant
- si ce verbe a une subtilité à prendre en compte

Aimer - tu

Avoir - j'

Apercevoir - je

Apprendre - ils

Appuyer - tu et nous

Bouger - nous

Convaincre - tu et il

Copier - tu et vous

Coudre - il

Craindre - je et nous

Crier - tu et nous

Dire - vous

Etre - je

Fabriquer - tu et nous

Faire - vous

Feindre - tu et vous

Finir - il et ils

Fondre - je

Geindre - tu et vous

Joindre - je et nous

Mettre - je et nous

Naviguer - je et nous

Noyer - je et nous

Partir - je et il

Payer - je et nous

Peindre - il et nous

Pouvoir - je et nous

Prendre - il et ils

Résoudre - il et nous

Rompre - je et il

Savoir - je et ils

Tracer - nous

Vendre - il

Voir - je et nous

Vouloir - je et nous

Et maintenant tu es prêt pour t'exercer avec n'importe quel verbe.

Tu peux le faire gratuitement sur Internet. Je te recommande le site :
http://www.professeurphifix.net
Tu trouveras la correction à la suite des exercices de chaque fiche. Ca te permettra de travailler d'une manière autonome.

L'Imparfait de l'Indicatif

Mot magique : **HIER**

Par exemple : **hier,** j'écrivais à ma correspondante

Bonne nouvelle ! les terminaisons de l'imparfait sont toutes les mêmes quels que soient les verbes !!!

ais

ais

ait

ions

iez

aient

1er GROUPE			2ème GROUPE			3ème GROUPE		
J'	aim	**ais**	Je	finiss	**ais**	Je	part	**ais**
Tu	aim	**ais**	Tu	finiss	**ais**	Tu	part	**ais**
Il	aim	**ait**	Il	finiss	**ait**	Il	part	**ait**
Nous	aim	**ions**	Nous	finiss	**ions**	Nous	part	**ions**
Vous	aim	**iez**	Vous	finiss	**iez**	Vous	part	**iez**
Ils	aim	**aient**	Ils	finiss	**aient**	Ils	part	**aient**

Les subtilités de l'Imparfait de l'Indicatif

Les verbes en IER

Ils ont une particularité à prendre en compte !

ATTENTION !

Les verbes terminés par IER conservent le « i » du radical et on leur ajoute les terminaisons de l'imparfait.

Prenons le verbe Copier :

Je	copi	ais
Tu	copi	ais
Il	copi	ait
Nous	copi	ions
Vous	copi	iez
Ils	copi	aient

Ce qui fait qu'aux personnes « Nous » et « Vous » :

- on entend « ions » mais on écrit « **ii**ons »
- on entend « iez » mais on écrit « **ii**ez »

Les verbes en YER

Ils ont une particularité à prendre en compte !

ATTENTION !

Les verbes terminés par YER conservent le « y » qui est dans leur radical et on leur ajoute les terminaisons de l'imparfait.

Prenons le verbe Payer :

Je	pay	ais
Tu	pay	ais
Il	pay	ait
Nous	pay	ions
Vous	pay	iez
Ils	pay	aient

Ce qui fait qu'aux personnes « Nous » et « Vous » :

- on entend « ions » mais on écrit « **yi**ons »
- on entend « iez » mais on écrit « **yi**ez »

L'imparfait c'est simple ; il faut juste se rappeler que pour les verbes en « IER » et en « YER », aux première et deuxième personnes du pluriel, , on garde le « i » ou le « y » du radical et on ajoute les terminaisons « ions » ou « iez » !

Si les terminaisons sont toujours les mêmes, certaines constructions de verbes à l'imparfait sont parfois surprenantes :

écrire → écri**v** ais

conduire → condui**s** ais

rire → **ri** ais

Là encore, c'est l'oreille qui va guider !

Il est temps de s'entraîner avec l'exercice suivant :
Ecrire à **l'imparfait de l'Indicatif** les verbes ci-dessous aux personnes indiquées.

Pour réussir l'exercice, n'oublions pas de chercher :
- le groupe du verbe
- les terminaisons du temps correspondant
- si ce verbe a une subtilité à prendre en compte

Aimer - je et nous	**Essuyer** - je et nous	**Partir** - il et ils
Avoir - tu	**Etre** - je	**Payer** - je et nous
Apercevoir - vous et ils	**Fabriquer** - il et nous	**Peindre** - tu et vous
Appuyer - je et nous	**Faire** - je et nous	**Prendre** - nous et ils
Bouger - il et vous	**Feindre** - tu et vous	**Résoudre**- je et nous
Connaitre - il et ils	**Finir** - il et ils	**Tracer** - il et nous
Convaincre - je et nous	**Geindre** - je et nous	**Vendre** - il et ils
Copier - tu et vous	**Joindre** - tu et vous	**Voir** - je et nous
Coudre - tu et vous	**Mettre** - il et nous	**Vouloir** - il et nous
Craindre - je et nous	**Naviguer** - je et nous	
Crier - tu et vous	**Noyer** - je et nous	

Et maintenant tu es prêt pour t'exercer avec n'importe quel verbe.

Tu peux le faire gratuitement sur Internet. Je te recommande le site :
http://www.professeurphifix.net
Tu trouveras la correction à la suite des exercices de chaque fiche. Ca te permettra de travailler d'une manière autonome.

Le Futur de L'Indicatif

Mot magique : **DEMAIN**

Par exemple : **demain,** j'achèterai une BD

Bonne nouvelle ! Les terminaisons du futur sont toutes les mêmes, quels que soient les verbes !!!

ai

as

a

ons

ez

ont

1er GROUPE			2ème GROUPE			3ème GROUPE		
J'	aimer	**ai**	Je	finir	**ai**	Je	partir	**ai**
Tu	aimer	**as**	Tu	finir	**as**	Tu	partir	**as**
Il	aimer	**a**	Il	finir	**a**	Il	partir	**a**
Nous	aimer	**ons**	Nous	finir	**ons**	Nous	partir	**ons**
Vous	aimer	**ez**	Vous	finir	**ez**	Vous	partir	**ez**
Ils	aimer	**ont**	Ils	finir	**ont**	Ils	partir	**ont**

Les subtilités du Futur de l'Indicatif

Les verbes du 1er Groupe

Ils ont une particularité à prendre en compte !

ATTENTION !

Pour former le futur d'un verbe du 1er groupe :

- j'écris le verbe à l'Infinitif
- j'ajoute les terminaisons du Futur

Prenons par exemple le verbe Nouer :

Je	nouer	ai
Tu	nouer	as
Il	nouer	a
Nous	nouer	ons
Vous	nouer	ez
Ils	nouer	ont

Ainsi, on n'oubliera pas le « e », cette lettre qui s'écrit et qui ne s'entend pas !

Quelques futurs irréguliers

Certains verbes au futur ont la fantaisie de doubler le R !

Voici la conjugaison de verbes au futur irrégulier : voir, courir, mourir, acquérir, pouvoir, envoyer, acquérir… et leurs verbes dérivés.

Par exemples : revoir, parcourir, secourir,…, dérivés des verbes voir et courir, prendront comme eux RR.

Ils prennent RR

COURIR			
Je	cou	rr	ai
Tu	cou	rr	as
Il	cou	rr	a
Nous	cou	rr	ons
Vous	cou	rr	ez
Ils	cou	rr	ont

ACQUERIR			
J'	acque	rr	ai
Tu	acque	rr	as
Il	acque	rr	a
Nous	acque	rr	ons
Vous	acque	rr	ez
Ils	acque	rr	ont

MOURIR			
Je	mou	rr	ai
Tu	mou	rr	as
Il	mou	rr	a
Nous	mou	rr	ons
Vous	mou	rr	ez
Ils	mou	rr	ont

VOIR			
Je	ve	rr	ai
Tu	ve	rr	as
Il	ve	rr	a
Nous	ve	rr	ons
Vous	ve	rr	ez
Ils	ve	rr	ont

ENVOYER			
J'	enve	rr	ai
Tu	enve	rr	as
Il	enve	rr	a
Nous	enve	rr	ons
Vous	enve	rr	ez
Ils	enve	rr	ont

POUVOIR			
Je	pou	rr	ai
Tu	pou	rr	as
Il	pou	rr	a
Nous	pou	rr	ons
Vous	pou	rr	ez
Ils	pou	rr	ont

SECOURIR				REVOIR	
Je	secou rr	ai	J'	reve rr	ai
Tu	secou rr	as	Tu	reve rr	as
Il	secou rr	a	Il	reve rr	a
Nous	secou rr	ons	Nous	reve rr	ons
Vous	secou rr	ez	Vous	reve rr	ez
Ils	secou rr	ont	Ils	reve rr	ont

Je suggère qu'au début, votre enfant utilise, beaucoup de couleurs !

C'est un bon moyen d'enregistrer la mécanique des conjugaisons.

En principe, je leur fais écrire le radical du verbe en bleu et les terminaisons en rouge.

Lorsqu'il faut penser à une cédille ou un « e » après le g ou…, je leur demande de l'ajouter en vert.

C'est un moyen de repérer les difficultés.

Et puis, c'est nettement plus gai !

Il est temps de s'entraîner avec l'exercice suivant :
Ecrire **au futur de l'Indicatif** les verbes ci-après aux personnes indiquées.

Pour réussir l'exercice, n'oublions pas de chercher :
- le groupe du verbe
- les terminaisons du temps correspondant
- si ce verbe a une subtilité à prendre en compte

Acquérir - j' et ils

Aimer - ils

Apercevoir - j'

Apprendre - tu

Appuyer - il et ils

Avoir - j' et ils

Bouger - nous

Convaincre - je et ils

Copier - je

Coudre - tu

Courir - il

Craindre - nous

Crier - vous

Dire - vous et ils

Envoyer - j'

Etre - tu

Fabriquer - il

Faire - vous

Feindre - ils

Finir - je

Fondre - tu

Geindre - il

Joindre - nous

Mettre - vous

Mourir - ils

Naviguer - je

Noyer - tu

Partir - il

Payer - nous

Peindre - vous

Pouvoir - ils

Prendre - je

Résoudre - tu

Rompre - il

Savoir - nous

Tracer - vous

Vendre - ils

Voir - je

Vouloir - tu

Et maintenant tu es prêt pour t'exercer avec n'importe quel verbe.

Tu peux le faire gratuitement sur Internet. Je te recommande le site :
http://www.professeurphifix.net
Tu trouveras la correction à la suite des exercices de chaque fiche. Ca te permettra de travailler d'une manière autonome.

Le Passé Simple de l'indicatif

Mots magiques : **Jadis le Roi et la Reine…**

L'utilisation des mots magiques est particulièrement magique pour le Passé simple !

En effet, en écoutant le verbe à la dernière personne du pluriel, la forme du verbe à la 1ière du singulier nous est soufflée !

Par exemple :

Jadis le Roi et la Reine mangèrent un bon festin -> je mangeai

Jadis le Roi et la Reine finirent la journée par un festin -> je finis

Jadis le Roi et la Reine vécurent heureux -> je vécus

Jadis le Roi et la Reine vinrent en calèche -> je vins

Pour le passé simple, il faudra apprendre le tableau ci-dessous par cœur !

C'est un temps où, quels que soient les verbes, il faudra mettre un « ^ » aux personnes « Nous » et « Vous ».

Terminaison des verbes au passé simple

Verbes du 1er groupe	Verbes du 2ème groupe	Verbes du 3ème groupe		
ai	**is**	**is**	**us**	**ins**
as	**is**	**is**	**us**	**ins**
a	**it**	**it**	**ut**	**int**
➔ âmes	**➔ îmes**	**➔ îmes**	**➔ ûmes**	**➔ înmes**
➔ âtes	**➔ îtes**	**➔ îtes**	**➔ ûtes**	**➔ întes**
èrent	**irent**	**irent**	**urent**	**inrent**

1er GROUPE

J'	aim	**ai**
Tu	aim	**as**
Il	aim	**a**
Nous	aim	**âmes**
Vous	aim	**âtes**
Ils	aim	**èrent**

2ième GROUPE

Je	fin	**is**
Tu	fin	**is**
Il	fin	**it**
Nous	fin	**îmes**
Vous	fin	**îtes**
Ils	fin	**irent**

3ième GROUPE

Je	part	**is**	Je	cour	**us**	Je	dev	**ins**
Tu	part	**is**	Tu	cour	**us**	Tu	dev	**ins**
Il	part	**it**	Il	cour	**ut**	Il	dev	**int**
Nous	part	**îmes**	Nous	cour	**ûmes**	Nous	dev	**înmes**
Vous	part	**îtes**	Vous	cour	**ûtes**	Vous	dev	**întes**
Ils	part	**irent**	Ils	cour	**urent**	Ils	dev	**inrent**

Les subtilités du Passé Simple de l'Indicatif

Les verbes qui finissent par -ENIR : Venir, Tenir et leurs dérivés

Il a une particularité à prendre en compte !

Ses terminaisons ne seront ni en is, is, it ni en us, us, ut mais, en **ins, ins, int** !

Je	v	ins
Tu	v	ins
Il	v	int
Nous	v	înmes
Vous	v	întes
Ils	v	inrent

Il est temps de s'entraîner avec l'exercice suivant :
Ecrire **au passé simple de l'Indicatif** les verbes ci-après aux personnes indiquées.

Pour réussir l'exercice, n'oublions pas de chercher :
- le groupe du verbe
- les terminaisons du temps correspondant
- si ce verbe a une subtilité à prendre en compte

Aimer – ils et je

Apercevoir – ils et tu

Apprendre – ils et il

Appuyer – ils et nous

Avoir – ils et vous

Convaincre – ils et ils

Copier – ils et je

Coudre – ils et tu

Craindre – ils et il

Dire – ils et nous

Etre – ils et vous

Faire – ils et je

Finir – ils et tu

Joindre – ils et il

Mettre – ils et nous

Mourir – ils et vous

Naviguer – ils et je

Noyer – ils et tu

Payer – ils et il

Peindre – ils et nous

Pouvoir – ils et vous

Prendre – ils et je

Rompre – ils et tu

Savoir – ils et il

Tenir – ils et nous

Tracer – ils et je

Venir – ils et tu

Voir – ils et nous

Vouloir – ils et vous

Et maintenant tu es prêt pour t'exercer avec n'importe quel verbe.

Tu peux le faire gratuitement sur Internet. Je te recommande le site :
http://www.professeurphifix.net
Tu trouveras la correction à la suite des exercices de chaque fiche. Ca te permettra de travailler d'une manière autonome.

Les temps composés de l'Indicatif

Les temps composés vont tous utiliser l'auxiliaire avoir ou l'auxiliaire être !

Il faudra donc faire attention à la règle du Participe Passé !

Dans l'exercice de conjugaison, ce ne sera pas difficile :

- Avec l'auxiliaire **Avoir** on n'aura **pas besoin d'accorder** puisqu'il n'y a pas de C.O.D. (Le verbe est hors du contexte d'une phrase.)

  J'ai joué

- Avec l'auxiliaire **Etre** il faudra **accorder en genre et en nombre**.

  Elles sont venues

  - En résumé : leur dire tout simplement, avec l'auxiliaire avoir tu n'accordes pas le participe passé ; avec l'auxiliaire être tu l'accordes.

    Attention : cette règle est JUSTE pour la conjugaison mais pas pour la dictée ou l'expression écrite ; on la complètera.

    La règle du participe passé est un apprentissage indépendant. Elle est suffisamment difficile pour ne pas la présenter en même temps que la conjugaison.

  - Faisons de la conjugaison un exercice simple.

Maintenant, il faut que tu apprennes à écrire un participe passé, avant même d'apprendre à l'accorder ! C'est la base ...

* Pour les verbes du 1er groupe, le participe passé peut se terminer par é, és, ée, ées.
Par exemple : Le verbe chanter a pour participes passés : chanté, chantés, chantée, chantées

* Pour les verbes du 2ième groupe, le participe passé peut se terminer par i, is, ie, ies
Par exemple : Le verbe finir a pour participes passés : fini, finis, finie, finies

* Pour les verbes du 3ième groupe, il y a plein de terminaisons possibles pour le participe passé
Par exemple :
- Le verbe vouloir a pour participes passés : voulu, voulus, voulue, voulues
- Le verbe ouvrir a pour participes passés : ouvert, ouverts, ouverte, ouvertes
- Le verbe partir a pour participes passés : parti, partis, partie, parties
- Le verbe peindre a pour participes passés : peint, peints, peinte, peintes
- Le verbe craindre a pour participes passés : craint, craints, craints, craintes

* Pour trouver la dernière lettre du participe passé au masculin, il faut le mettre au féminin pour entendre la dernière lettre à écrire
Par exemple : puisqu'on dit une chambre peinte ; on écrira au masculin, un mur peint.

En ce qui concerne la règle du Participe Passé je te donne, en dernière page de l'annexe, une manière ludique de la retenir et de l'appliquer.

Pour savoir s'il faut utiliser l'auxiliaire Avoir ou l'auxiliaire Etre, je te donne un exemple :

Pour le verbe Jouer, on dit : avoir joué ou être joué.
Tu vois, avec cette astuce, tu trouves immédiatement la réponse.

Reste à conjuguer l'auxiliaire Avoir au :

- Présent s'il s'agit de conjuguer le verbe au Passé Composé : j'**ai** joué

- L'imparfait s'il s'agit de conjuguer le verbe au Plus-que-Parfait : j'**avais** joué

- Futur s'il s'agit de conjuguer le verbe au Futur Antérieur : j'**aurai** joué

- Passé Simple s'il s'agit de conjuguer le verbe au Passé Antérieur : j'**eus** joué

Certains verbes peuvent utiliser les deux auxiliaires...
Ca donne deux sens différents à la phrase. Alors, c'est le contexte qui te guidera.
Par exemple avec le verbe Connaitre : Avoir connu ou Etre connu...

Le Passé Composé

Le Passé Composé est le temps correspondant au présent ; son auxiliaire sera donc conjugué au présent.

Présent de l'Indicatif des auxiliaires AVOIR et ETRE

AVOIR		ETRE	
J'	**ai**	Je	**suis**
Tu	**as**	Tu	**es**
Il	**a**	Il	**est**
Nous	**avons**	Nous	**sommes**
Vous	**avez**	Vous	**êtes**
Ils	**ont**	Ils	**sont**

1er GROUPE			2ème GROUPE			3ème GROUPE		
J'	**ai**	aim **é**	J'	**ai**	fin **i**	Je	**suis**	part **i(e)**
Tu	**as**	aim **é**	Tu	**as**	fin **i**	Tu	**es**	part **i(e)**
Il	**a**	aim **é**	Il	**a**	fin **i**	Il (elle)	**est**	part **i(e)**
Nous	**avons**	aim **é**	Nous	**avons**	fin **i**	Nous	**sommes**	part **i(e)s**
Vous	**avez**	aim **é**	Vous	**avez**	fin **i**	Vous	**êtes**	part **i(e)s**
Ils	**ont**	aim **é**	Ils	**ont**	fin **i**	Ils (elles)	**sont**	part **i(e)s**

Il est temps de s'entraîner avec l'exercice suivant :
Ecrire **au passé composé de l'Indicatif** les verbes ci-après aux personnes indiquées.

Pour réussir l'exercice, n'oublions pas de chercher :
- le groupe du verbe
- les terminaisons du temps correspondant
- si ce verbe a une subtilité à prendre en compte

Aimer - je

Avoir - tu et vous

Apercevoir - elle

Apprendre - elle et ils

Appuyer - j' et elles

Bouger - nous

Convaincre - tu et ils

Copier - tu et vous

Dire - j' et vous

Etre - j' et nous

Fabriquer - tu et nous

Faire - tu et vous

Feindre - tu et vous

Finir - il et ils

Garder - tu et vous

Joindre - j' et nous

Mettre - il et nous

Payer - j' et nous

Peindre - tu et nous

Pouvoir - elle et nous

Prendre - elle et elles

Résoudre - il et nous

Revenir - je et nous

Savoir - elle et ils

Tomber - il et elles

Et maintenant tu es prêt pour t'exercer avec n'importe quel verbe.

Tu peux le faire gratuitement sur Internet. Je te recommande le site :
http://www.professeurphifix.net
Tu trouveras la correction à la suite des exercices de chaque fiche. Ca te permettra de travailler d'une manière autonome.

Le Plus-Que-Parfait

Le Plus-que-Parfait est le temps correspondant de l'Imparfait ; son auxiliaire sera donc conjugué à l'Imparfait

Imparfait de l'Indicatif des auxiliaires AVOIR et ETRE

AVOIR		ETRE	
J'	**avais**	J'	**étais**
Tu	**avais**	Tu	**étais**
Il	**avait**	Il	**était**
Nous	**avions**	Nous	**étions**
Vous	**aviez**	Vous	**étiez**
Ils	**avaient**	Ils	**étaient**

1er GROUPE			2ème GROUPE			3ème GROUPE		
J'	**avais**	aim **é**	J'	**avais**	fin **i**	J'	**étais**	part **i(e)**
Tu	**avais**	aim **é**	Tu	**avais**	fin **i**	Tu	**étais**	part **i(e)**
Il	**avait**	aim **é**	Il	**avait**	fin **i**	Il (elle)	**était**	part **i(e)**
Nous	**avions**	aim **é**	Nous	**avions**	fin **i**	Nous	**étions**	part **i(e)s**
Vous	**aviez**	aim **é**	Vous	**aviez**	fin **i**	Vous	**étiez**	part **i(e)s**
Ils	**avaient**	aim **é**	Ils	**avaient**	fin **i**	Ils (elles)	**étaient**	part **i(e)s**

Il est temps de s'entraîner avec l'exercice suivant :
Ecrire **au Plus-Que-Parfait de l'Indicatif** les verbes ci-après aux personnes indiquées.

Pour réussir l'exercice, n'oublions pas de chercher :
- le groupe du verbe
- les terminaisons du temps correspondant
- si ce verbe a une subtilité à prendre en compte

Aimer - je

Avoir - tu et vous

Apercevoir - elle

Apprendre - elle et ils

Appuyer - j' et elles

Bouger - nous

Convaincre - tu et ils

Copier - tu et vous

Dire - j' et vous

Etre - j' et nous

Fabriquer - tu et nous

Faire - tu et vous

Feindre - tu et vous

Finir - il et ils

Garder - tu et vous

Joindre - j' et nous

Mettre - il et nous

Payer - j' et nous

Peindre - tu et nous

Pouvoir - elle et nous

Prendre - elle et elles

Résoudre - il et nous

Revenir - je et nous

Savoir - elle et ils

Tomber - il et elles

Et maintenant tu es prêt pour t'exercer avec n'importe quel verbe.

Tu peux le faire gratuitement sur Internet. Je te recommande le site :
http://www.professeurphifix.net
Tu trouveras la correction à la suite des exercices de chaque fiche. Ca te permettra de travailler d'une manière autonome.

Le Futur Antérieur

Le Futur Antérieur est le temps correspondant du Futur ; son auxiliaire sera donc conjugué au Futur

Futur de l'Indicatif des auxiliaires AVOIR et ETRE

AVOIR		ETRE	
J'	**aurai**	J'	**serai**
Tu	**auras**	Tu	**seras**
Il	**aura**	Il	**sera**
Nous	**aurons**	Nous	**serons**
Vous	**aurez**	Vous	**serez**
Ils	**auront**	Ils	**seront**

1er GROUPE			2ème GROUPE			3ème GROUPE		
J'	**aurai**	aim **é**	J'	**aurai**	fin **i**	Je	**serai**	part **i(e)**
Tu	**auras**	aim **é**	Tu	**auras**	fin **i**	Tu	**seras**	part **i(e)**
Il	**aura**	aim **é**	Il	**aura**	fin **i**	Il (elle)	**sera**	part **i(e)**
Nous	**aurons**	aim **é**	Nous	**aurons**	fin **i**	Nous	**serons**	part **i(e)s**
Vous	**aurez**	aim **é**	Vous	**aurez**	fin **i**	Vous	**serez**	part **i(e)s**
Ils	**auront**	aim **é**	Ils	**auront**	fin **i**	Ils (elles)	**seront**	part **i(e)s**

Il est temps de s'entraîner avec l'exercice suivant :
Ecrire **au Futur Antérieur de l'Indicatif** les verbes ci-après aux personnes indiquées.

Pour réussir l'exercice, n'oublions pas de chercher :
- le groupe du verbe
- les terminaisons du temps correspondant
- si ce verbe a une subtilité à prendre en compte

Aimer - je

Avoir - tu et vous

Apercevoir - elle

Apprendre - elle et ils

Appuyer - j' et elles

Bouger - nous

Convaincre - tu et ils

Copier - tu et vous

Dire - j' et vous

Etre - j' et nous

Fabriquer - tu et nous

Faire - tu et vous

Feindre - tu et vous

Finir - il et ils

Garder - tu et vous

Joindre - j' et nous

Mettre - il et nous

Payer - j' et nous

Peindre - tu et nous

Pouvoir - elle et nous

Prendre - elle et elles

Résoudre - il et nous

Revenir - je et nous

Savoir - elle et ils

Tomber - il et elles

Et maintenant tu es prêt pour t'exercer avec n'importe quel verbe.

Tu peux le faire gratuitement sur Internet. Je te recommande le site :
http://www.professeurphifix.net
Tu trouveras la correction à la suite des exercices de chaque fiche. Ca te permettra de travailler d'une manière autonome.

Le Passé Antérieur

Le Passé Antérieur est le temps correspondant du Passé Simple ; son auxiliaire sera donc conjugué au Passé Simple

Passé simple de l'Indicatif des auxiliaires AVOIR et ETRE

AVOIR		ETRE	
J'	**eus**	Je	**fus**
Tu	**eus**	Tu	**fus**
Il	**eut**	Il	**fut**
Nous	**eûmes**	Nous	**fûmes**
Vous	**eûtes**	Vous	**fûtes**
Ils	**eurent**	Ils	**furent**

1er GROUPE			2ème GROUPE			3ème GROUPE		
J'	**eus**	aim **é**	J'	**eus**	fin i	Je	**fus**	part **i(e)**
Tu	**eus**	aim **é**	Tu	**eus**	fin i	Tu	**fus**	part **i(e)**
Il	**eut**	aim **é**	Il	**eut**	fin i	Il (elle)	**fut**	part **i(e)**
Nous	**eûmes**	aim **é**	Nous	**eûmes**	fin i	Nous	**fûmes**	part **i(e)s**
Vous	**eûtes**	aim **é**	Vous	**eûtes**	fin i	Vous	**fûtes**	part **i(e)s**
Ils	**eurent**	aim **é**	Ils	**eurent**	fin i	Ils (elles)	**furent**	part **i(e)s**

Il est temps de s'entraîner avec l'exercice suivant :
Ecrire **au passé composé de l'Indicatif** les verbes ci-après aux personnes indiquées.

Pour réussir l'exercice, n'oublions pas de chercher :
- le groupe du verbe
- les terminaisons du temps correspondant
- si ce verbe a une subtilité à prendre en compte

Aimer - je

Avoir - tu et vous

Apercevoir - elle

Apprendre - elle et ils

Appuyer - j' et elles

Bouger - nous

Convaincre - tu et ils

Copier - tu et vous

Dire - j' et vous

Etre - j' et nous

Fabriquer - tu et nous

Faire - tu et vous

Feindre - tu et vous

Finir - il et ils

Garder - tu et vous

Joindre - j' et nous

Mettre - il et nous

Payer - j' et nous

Peindre - tu et nous

Pouvoir - elle et nous

Prendre - elle et elles

Résoudre - il et nous

Revenir - je et nous

Savoir - elle et ils

Tomber - il et elles

Et maintenant tu es prêt pour t'exercer avec n'importe quel verbe.

Tu peux le faire gratuitement sur Internet. Je te recommande le site :
http://www.professeurphifix.net
Tu trouveras la correction à la suite des exercices de chaque fiche. Ca te permettra de travailler d'une manière autonome.

LE CONDITIONNEL

Le conditionnel est le mode de l'hypothèse, de l'irréel, du souhait, du rêve, du conseil.

Normalement, il y a trois temps au Conditionnel :

Le présent

Le passé du conditionnel qui se décline en deux temps :

- Passé du Conditionnel 1ière forme (que j'appellerai par simplification pédagogique : passé du conditionnel)
- Passé du Conditionnel 2ème forme (que nous n'étudierons pas)

Le Présent du Conditionnel

Mots magiques : **Si j'étais riche, je…**

Le mot conditionnel commence comme le mot condition

Quand tes parents te posent une condition, ils disent : Si…

Pour t'aider à retenir les mots magiques du Conditionnel, pense à ce petit mot ;)

Par exemple : **si** j'étais riche, j'achèterais un arc-en-ciel

Il se conjugue comme un futur, avec les terminaisons de l'imparfait.

ais

ais

ait

ions

iez

aient

1er GROUPE			2ème GROUPE			3ème GROUPE		
J'	aimer	**ais**	Je	finir	**ais**	Je	partir	**ais**
Tu	aimer	**ais**	Tu	finir	**ais**	Tu	partir	**ais**
Il	aimer	**ait**	Il	finir	**ait**	Il	partir	**ait**
Nous	aimer	**ions**	Nous	finir	**ions**	Nous	partir	**ions**
Vous	aimer	**iez**	Vous	finir	**iez**	Vous	partir	**iez**
Ils	aimer	**aient**	Ils	finir	**aient**	Ils	partir	**aient**

Il épousera donc toutes les subtilités inhérentes au Futur.

Les subtilités du Présent du Conditionnel

Les verbes du 1er Groupe

Ils ont une particularité à prendre en compte !

ATTENTION !

Pour former le Présent du Conditionnel d'un verbe du 1er groupe :

- j'écris le verbe à l'Infinitif
- j'ajoute les terminaisons de l'Imparfait

Prenons par exemple le verbe Nouer :

Je	nouer	**ais**
Tu	nouer	**ais**
Il	nouer	**ait**
Nous	nouer	**ions**
Vous	nouer	**iez**
Ils	nouer	**aient**

Ainsi, ils n'oublieront pas le « e », cette lettre qui s'écrit et qui ne s'entend pas !

Quelques Présents du Conditionnel irréguliers

Certains verbes au Présent du Conditionnel ont la fantaisie de **doubler le R** !

Voici la conjugaison de verbes au Présent du Conditionnel irrégulier ; ce sont les mêmes verbes qui ont été irréguliers au Futur : voir, courir, mourir, pouvoir, envoyer, …acquérir, voir,

Plus, certains autres qui auront la même irrégularité, étant de la même famille.

Par exemple : parcourir, secourir,… ⇨ Ils prennent **RR**

COURIR

Je	cou	rr	ais
Tu	cou	rr	ais
Il	cou	rr	ait
Nous	cou	rr	ions
Vous	cou	rr	iez
Ils	cou	rr	aient

ACQUERIR

J'	acque	rr	ais
Tu	acque	rr	ais
Il	acque	rr	ait
Nous	acque	rr	ions
Vous	acque	rr	iez
Ils	acque	rr	aient

MOURIR

Je	mou	rr	ais
Tu	mou	rr	ais
Il	mou	rr	ait
Nous	mou	rr	ions
Vous	mou	rr	iez
Ils	mou	rr	aient

VOIR

Je	ve	rr	ais
Tu	ve	rr	ais
Il	ve	rr	ait
Nous	ve	rr	ions
Vous	ve	rr	iez
Ils	ve	rr	aient

ENVOYER

J'	enve	rr	ais
Tu	enve	rr	ais
Il	enve	rr	ait
Nous	enve	rr	ions
Vous	enve	rr	iez
Ils	enve	rr	aient

POUVOIR

Je	pou	rr	ais
Tu	pou	rr	ais
Il	pou	rr	ait
Nous	pou	rr	ions
Vous	pou	rr	iez
Ils	pou	rr	aient

SECOURIR

Je	secou	rr	ais
Tu	secou	rr	ais
Il	secou	rr	ait
Nous	secou	rr	ions
Vous	secou	rr	iez
Ils	secou	rr	aient

REVOIR

Je	reve	rr	ais
Tu	reve	rr	ais
Il	reve	rr	ait
Nous	reve	rr	ions
Vous	reve	rr	iez
Ils	reve	rr	aient

Il est temps de s'entraîner avec l'exercice suivant :
Ecrire au **Présent du Conditionnel** les verbes ci-dessous aux personnes indiquées.

Pour réussir l'exercice, n'oublions pas de chercher :
- le groupe du verbe
- les terminaisons du temps correspondant
- si ce verbe a une subtilité à prendre en compte

Acquérir – j' et ils	**Dire** - vous et ils	**Noyer** - tu
Aimer – ils	**Envoyer** – j'	**Partir** - il
Apercevoir – j'	**Etre** - tu	**Payer** - nous
Apprendre - tu	**Fabriquer** - il	**Peindre** - vous
Appuyer – il et ils	**Faire** - vous	**Pouvoir** - ils
Avoir – j' et ils	**Feindre** - ils	**Prendre** - je
Bouger - nous	**Finir** - je	**Résoudre** - tu
Convaincre – je et ils	**Fondre** - tu	**Rompre** - il
Copier - je	**Geindre** - il	**Savoir** - nous
Coudre - tu	**Joindre** - nous	**Tracer** - vous
Courir - il	**Mettre** - vous	**Vendre** - ils
Craindre - nous	**Mourir** - ils	**Voir** - je
Crier - vous	**Naviguer** - je	**Vouloir** - tu

Et maintenant tu es prêt pour t'exercer avec n'importe quel verbe.

Tu peux le faire gratuitement sur Internet.

Je te recommande le site : **http://www.professeurphifix.net**
Tu trouveras la correction à la suite des exercices de chaque fiche. Ca te permettra de travailler d'une manière autonome.

Le Passé du Conditionnel (ou Passé 1ère forme)

Nous venons de changer de mode !

Le passé du Conditionnel va se construire comme les temps composés de l'Indicatif.

Il se conjugue avec :

l'auxiliaire Etre ou Avoir au Présent du Conditionnel **+** le Participe Passé du verbe.

Présent du conditionnel des auxiliaires AVOIR et ETRE

AVOIR		ETRE	
J'	**aurais**	Je	**serais**
Tu	**aurais**	Tu	**serais**
Il	**aurait**	Il	**serait**
Nous	**aurions**	Nous	**serions**
Vous	**auriez**	Vous	**seriez**
Ils	**auraient**	Ils	**seraient**

1er GROUPE			2ème GROUPE			3ème GROUPE		
J'	**aurais**	aim **é**	J'	**aurais**	fin **i**	Je	**serais**	part **i(e)**
Tu	**aurais**	aim **é**	Tu	**aurais**	fin **i**	Tu	**serais**	part **i(e)**
Il	**aurait**	aim **é**	Il	**aurait**	fin **i**	Il (elle)	**serait**	part **i(e)**
Nous	**aurions**	aim **é**	Nous	**aurions**	fin **i**	Nous	**serions**	part **i(e)s**
Vous	**auriez**	aim **é**	Vous	**auriez**	fin **i**	Vous	**seriez**	part **i(e)s**
Ils	**auraient**	aim **é**	Ils	**auraient**	fin **i**	Ils (elles)	**seraient**	part **i(e)s**

Il est temps de s'entraîner avec l'exercice suivant :
Ecrire au **Passé du Conditionnel** les verbes ci-dessous aux personnes indiquées.

Pour réussir l'exercice, n'oublions pas de chercher :
- le groupe du verbe
- les terminaisons du temps correspondant
- si ce verbe a une subtilité à prendre en compte

Acquérir - j' et ils	**Dire** - vous et ils	**Noyer** - tu
Aimer - ils	**Envoyer** - j'	**Partir** - il
Apercevoir - j'	**Etre** - tu	**Payer** - nous
Apprendre - tu	**Fabriquer** - il	**Peindre** - vous
Appuyer - il et ils	**Faire** - vous	**Pouvoir** - ils
Avoir - j' et ils	**Feindre** - ils	**Prendre** - je
Bouger - nous	**Finir** - je	**Résoudre** - tu
Convaincre - je et ils	**Fondre** - tu	**Rompre** - il
Copier - je	**Geindre** - il	**Savoir** - nous
Coudre - tu	**Joindre** - nous	**Tracer** - vous
Courir - il	**Mettre** - vous	**Vendre** - ils
Craindre - nous	**Mourir** - ils	**Voir** - je
Crier - vous	**Naviguer** - je	**Vouloir** - tu

Et maintenant tu es prêt pour t'exercer avec n'importe quel verbe.
Tu peux le faire gratuitement sur Internet.
Je te recommande le site : **http://www.professeurphifix.net**

Tu trouveras la correction à la suite des exercices de chaque fiche. Ca te permettra de travailler d'une manière autonome.

Passé du Conditionnel ou Passé 2ème forme

Je le note pour l'avoir en référence ; pour le montrer aux enfants au moins une fois.

Il se conjugue comme le Plus-que-Parfait du Subjonctif (que tu trouveras à la page 62) sans le « Que » devant !

1er GROUPE			2ème GROUPE			3ème GROUPE		
J'	eusse	aim é	J'	eusse	fin i	Je	fusse	part i(e)
Tu	eusses	aim é	Tu	eusses	fin i	Tu	fusses	part i(e)
Il	eût	aim é	Il	eût	fin i	Il (elle)	fût	part i(e)
Nous	eussions	aim é	Nous	eussions	fin i	Nous	fussions	part i(e)s
Vous	eussiez	aim é	Vous	eussiez	fin i	Vous	fussiez	part i(e)s
Ils	eussent	aim é	Ils	eussent	fin i	Ils (elles)	fussent	part i(e)s

LE SUBJONCTIF

Le Subjonctif est le mode de la prière, du souhait, du rêve et des émotions.

Je te rappelle que nous ne verrons que le Présent et le Passé du Subjonctif.

Je ne vais pas t'apprendre l'Imparfait et le Plus-que-Parfait du Subjonctif.

Nous ne l'utilisons jamais à l'oral et ne le voyons à l'écrit qu'exceptionnellement.

On trouve parfois la 3ième personne du singulier de l'imparfait du subjonctif.

Mon objectif est que tu maîtrises toutes tes bases ; ces deux temps représentent un « petit luxe » dont la majorité d'entre nous peut se passer !

Cependant, pour information, tu trouveras à la page 62, le verbe « aimer » conjugué à l'Imparfait et au Plus-que-Parfait du Subjonctif.

Même si on n'en fait pas l'apprentissage, il est bon de savoir qu'il existe, et de voir à quoi il ressemble.

Le Présent du Subjonctif

Chaque fois que je prononce ce mode, j'appuie fortement sur le son « C » pour qu'ils :

- pensent au « QUE » accompagnant la conjugaison du Présent du Subjonctif,
- retrouvent plus facilement le mot magique qui, lui aussi, contient un « QUE » !

SubjonCtif

Mots magiques **: Il faut QUE…**

Par exemple : **Il faut que** je sache mes conjugaisons !

Le mot magique est particulièrement important pour ce mode car le radical du verbe va prendre des formes inattendues que seule l'oreille, complice, nous soufflera…

Les terminaisons du Présent du Subjonctif sont toutes les mêmes pour tous les verbes, à tous les groupes, exceptés pour les deux auxiliaires !!!

e

es

e

ions

iez

ent

- Pour tous les verbes, de tous les groupes, les terminaisons des 3 premières personnes du singulier et la 3ième personne du pluriel, sont les mêmes que celles du Présent de l'Indicatif (des verbes du 1er groupe),
- Pour « Nous » et « Vous » ce sont les terminaisons de l'Imparfait.

1er GROUPE			2ème GROUPE			3ème GROUPE		
Que j'	aim	**e**	Que je	finiss	**e**	Que je	part	**e**
Que tu	aim	**es**	Que tu	finiss	**es**	Que tu	part	**es**
Qu'il	aim	**e**	Qu'il	finiss	**e**	Qu'il	part	**e**
Que nous	aim	**ions**	Que nous	finiss	**ions**	Que nous	part	**ions**
Que vous	aim	**iez**	Que vous	finiss	**iez**	Que vous	part	**iez**
Qu'ils	aim	**ent**	Qu'ils	finiss	**ent**	Qu'ils	part	**ent**

Il est temps de s'entraîner avec l'exercice suivant :
Ecrire au **Présent du Subjonctif** les verbes ci-dessous aux personnes indiquées.

Pour réussir l'exercice, n'oublions pas de chercher :
- le groupe du verbe
- les terminaisons du temps correspondant
- si ce verbe a une subtilité à prendre en compte

Aimer – tu et nous

Avoir – tu, il et nous

Apercevoir – tu et vous

Appuyer – tu et nous

Bouger – il et nous

Convaincre – je et nous

Copier – tu et vous

Coudre – je et nous

Courir – tu et nous

Craindre – il et vous

Crier – je et nous

Essuyer – je et nous

Etre – je et nous

Fabriquer – tu . vous

Faire – vous et ils

Feindre – il et nous

Finir – tu et vous

Geindre – je et nous

Joindre – tu et vous

Mettre – je et ils

Mourir – tu et vous

Naviguer – tu et nous

Noyer – il et vous

Partir – je et nous

Payer – tu et vous

Peindre – il et nous

Prendre – vous et ils

Résoudre – je et nous

Tracer – tu et vous

Vendre – je et nous

Voir – il et nous

Vouloir – je et nous

Et maintenant tu es prêt pour t'exercer avec n'importe quel verbe.
Tu peux le faire gratuitement sur Internet. Je te recommande le site :
http://www.professeurphifix.net
Tu trouveras la correction à la suite des exercices de chaque fiche. Ca te permettra de travailler d'une manière autonome.

Le Passé du Subjonctif

Nous venons de changer de mode !

Le passé du Subjonctif va se construire comme les temps composés de l'Indicatif.

Il se conjugue avec l'auxiliaire Etre ou Avoir au Présent du Subjonctif **+** le participe passé du verbe.

Présent du Subjonctif des auxiliaires AVOIR et ETRE

AVOIR		ETRE	
Que j'	**aie**	Que je	**sois**
Que tu	**aies**	Que tu	**sois**
Qu'il	**ait**	Qu'il	**soit**
Que nous	**ayons**	Que nous	**soyons**
Que vous	**ayez**	Que vous	**soyez**
Qu'ils	**aient**	Qu'ils	**soient**

1er GROUPE			2ème GROUPE			3ème GROUPE		
Que j'	**aie**	aim é	Que j'	**aie**	fin i	Que je	**sois**	part i(e)
Que tu	**aies**	aim é	Que tu	**aies**	fin i	Que tu	**sois**	part i(e)
Qu'il	**ait**	aim é	Qu'il	**ait**	fin i	Qu'il (elle)	**soit**	part i(e)
Que nous	**ayons**	aim é	Que nous	**ayons**	fin i	Que nous	**soyons**	part i(e)s
Que vous	**ayez**	aim é	Que vous	**ayez**	fin i	Que vous	**soyez**	part i(e)s
Qu'ils	**aient**	aim é	Qu'ils	**aient**	fin i	Qu'ils (elles)	**soient**	part i(e)s

Il est temps de s'entraîner avec l'exercice suivant :
Ecrire au **Passé du Subjonctif** les verbes ci-dessous aux personnes indiquées.

Pour réussir l'exercice, n'oublions pas de chercher :
- le groupe du verbe
- les terminaisons du temps correspondant
- si ce verbe a une subtilité à prendre en compte

Aimer - tu et nous

Avoir - tu, il et nous

Apercevoir - tu et vous

Appuyer - tu et nous

Bouger - il et nous

Convaincre - je et nous

Copier - tu et vous

Coudre - je et nous

Courir - tu et nous

Craindre - il et vous

Crier - je et nous

Essuyer - je et nous

Etre - je et nous

Fabriquer - tu . vous

Faire - vous et ils

Feindre - il et nous

Finir - tu et vous

Geindre - je et nous

Joindre - tu et vous

Mettre - je et ils

Mourir - tu et vous

Naviguer - tu et nous

Noyer - il et vous

Partir - je et nous

Payer - tu et vous

Peindre - il et nous

Prendre - vous et ils

Résoudre - je et nous

Tracer - tu et vous

Vendre - je et nous

Voir - il et nous

Vouloir - je et nous

Et maintenant tu es prêt pour t'exercer avec n'importe quel verbe.
Tu peux le faire gratuitement sur Internet. Je te recommande le site :

http://www.professeurphifix.net

Tu trouveras la correction à la suite des exercices de chaque fiche. Ca te permettra de travailler d'une manière autonome.

L'Imparfait et le Plus-que-Parfait du Subjonctif

Voici ci-dessous le verbe « Aimer », conjugué à l'Imparfait du Subjonctif et au Plus-que-Parfait du Subjonctif.

Repère-bien la 3ième personne du singulier de l'Imparfait du Subjonctif puisque c'est lui, seul, que tu rencontreras dans les textes de dictée (peu souvent, mais ça arrive... !) ou de littérature.

IMPARFAIT DU SUBJONCTIF			PLUS-QUE-PARFAIT DU SUBJONCTIF		
Que j'	aim	asse	Que j'	eusse	aim é
Que tu	aim	asses	Que tu	eusses	aim é
Qu'il	aim	ât	Qu'il (elle)	eût	aim é
Que nous	aim	assions	Que nous	eussions	aim é
Que vous	aim	assiez	Que vous	eussiez	aim é
Qu'ils	aim	assent	Qu'ils (elles)	eussent	aim é

L'IMPERATIF

C'est le mode de l'ordre, de l'injonction, de la prière.

Il est conjugué à seulement trois personnes : « tu », « nous » et « vous ».

C'est un mode impersonnel : il se conjugue sans mettre de pronom devant. On donne un ordre !

Le Présent de l'Impératif

Les mots magiques du Présent de l'Impératif : « Donner un ordre ! »

Ses terminaisons sont celles du présent de l'Indicatif excepté pour la 1ère personne des verbes du 1er groupe qui ne prend pas de « S ».

Son tableau des terminaisons est donc le même que celui du Présent de l'Indicatif sauf pour 1ère personne des verbes du 1er groupe qui ne prend pas de « S ».

Terminaisons des verbes au Présent de l'Impératif

	1er groupe ER	2ème groupe IR + issant	3ème groupe: Tous les autres verbes						
			Vouloir Valoir Pouvoir	DRE	TRE	CRE	PRE	Dans la plupart des cas	aindre eindre oindre soudre
(T)	e	is	x	ds	ts	cs	ps	s	s
(N)	ons	issons	ons						
(V)	ez	issez	ez						

1er GROUPE	2ème GROUPE	3ème GROUPE
aim **e**	fin **is**	par **s**
aim **ons**	fin **issons**	part **ons**
aim **ez**	fin **issez**	part **ez**

Il est temps de s'entraîner avec l'exercice suivant :
Ecrire au **Présent de l'Impératif** les verbes ci-dessous aux personnes indiquées.
Tu vas réviser ainsi les terminaisons des verbes du Présent de l'Indicatif… !!!
Quelle belle révision… !
Fais attention, aux verbes du 1er groupe qui ne prendront pas de « s » à la personne « Tu » !

Pour réussir l'exercice, n'oublions pas de chercher :
- le groupe du verbe
- les terminaisons du temps correspondant
- si ce verbe a une subtilité à prendre en compte
-

Aimer - tu

Avoir - tu

Apprendre - tu

Appuyer - tu

Bouger - tu et nous

Convaincre - tu et nous

Copier - tu et vous

Coudre - tu

Craindre - tu et nous

Crier - tu et nous

Dire - tu et vous

Etre - tu

Fabriquer - tu et nous

Faire - tu et vous

Feindre - tu et vous

Finir - tu et nous

Fondre - tu et vous

Joindre - tu et vous

Mettre - tu et nous

Naviguer - tu et nous

Partir - tu et vous

Payer - tu et nous

Peindre - tu et nous

Prendre - tu et vous

Résoudre - tu et nous

Rompre - tu et nous

Savoir - tu et vous

Tracer - tu et nous

Vendre - tu et vous

Voir - tu et vous

Et maintenant tu es prêt pour t'exercer avec n'importe quel verbe.

Tu peux le faire gratuitement sur Internet. Je te recommande le site :
http://www.professeurphifix.net
Tu trouveras la correction à la suite des exercices de chaque fiche. Ca te permettra de travailler d'une manière autonome.

Le Passé de l'Impératif

Le Passé de l'Impératif est le temps correspondant au Présent de l'Impératif ; son auxiliaire sera donc conjugué au Présent de l'Impératif.

Présent de l'Impératif des auxiliaires AVOIR et ETRE

AVOIR		ETRE	
(Tu)	**aie**	(Tu)	**sois**
(Nous)	**ayons**	(Nous)	**soyons**
(Vous)	**ayez**	(Vous)	**soyez**

1er GROUPE			2ème GROUPE			3ème GROUPE		
(Tu)	**aie**	aim **é**	(Tu)	**aie**	fin **i**	(Tu)	**sois**	part **i(e)**
(Nous)	**ayons**	aim **é**	(Nous)	**ayons**	fin **i**	(Nous)	**soyons**	part **i(e)s**
(Vous)	**ayez**	aim **é**	(Vous)	**ayez**	fin **i**	(Vous)	**soyez**	part **i(e)s**

Il est temps de t'entraîner avec quelques verbes de ton choix

LE MODE PARTICIPE

Le participe passé

Le participe passé est la forme que le verbe revêt aux temps composés.

J'ai **chanté**, j'avais **chanté**, j'aurai **chanté**, j'eus **chanté**, ...

Tu trouveras en dernière page du livre comment retenir facilement les règles de l'accord du participe passé.

Le participe passé a souvent une dernière lettre qu'on n'entend pas.... Pour savoir laquelle... mets le participe passé au féminin et tu entendras laquelle écrire.
Par exemples :

* Pour écrire le participe passé du verbe ouvrir, penser à une porte ouverte.
  Ouvert prend donc un « t » au masculin.

* Pour écrire le participe passé du verbe prendre, penser à une chose prise.
  Pris prend donc un « s » au masculin.

Il est temps de s'entraîner avec l'exercice suivant :
Ecrire au **Participe Passé** les verbes ci-dessous aux personnes indiquées.

Pour réussir l'exercice, n'oublions pas de chercher :
- le groupe du verbe
- les terminaisons du temps correspondant
- si ce verbe a une subtilité à prendre en compte

Aimer

Appeler

Asseoir

Avoir

Apercevoir

Apprendre

Appuyer

Bâtir

Bouger

Convaincre

Comprendre

Descendre

Ecrire

Coudre

Craindre

Crier

Dire

Etre

Fabriquer

Faire

Feindre

Finir

Fleurir

Fondre

Grandir

Interrompre

Joindre

Mettre

Mourir

Naviguer

Noyer

Offrir

Partir

Payer

Peindre

Prendre

Recevoir

Résoudre

Rire

Savoir

Sentir

Sortir

Tenir

Vendre

Venir

Voir

Vouloir

Et maintenant tu es prêt pour t'exercer avec n'importe quel verbe.

Le participe présent

Le mot magique du participe présent : « En… »

Le participe présent peut revêtir deux formes :

- Une forme simple : le verbe prend la terminaison "**ant**"

chant**ant**

- Une forme passée : l'auxiliaire Avoir ou Etre est au Participe Présent et on lui ajoute le participe passé

ay**ant** chanté

1er GROUPE	2ème GROUPE	3ème GROUPE
aim **ant**	finiss **ant**	part **ant**
ay **ant** aimé	ay **ant** fini	ét **ant** parti

Il est temps de s'entraîner avec l'exercice suivant :
Ecrire au **Participe Passé** les verbes ci-dessous aux personnes indiquées.

Pour réussir l'exercice, n'oublions pas de chercher :

- le groupe du verbe
- les terminaisons du temps correspondant
- si ce verbe a une subtilité à prendre en compte

Aimer
Appeler
Asseoir
Avoir
Apercevoir
Apprendre
Appuyer
Bâtir
Bouger
Convaincre
Comprendre
Descendre
Ecrire
Coudre
Craindre
Crier

Dire
Etre
Fabriquer
Faire
Feindre
Finir
Fleurir
Fondre
Grandir
Interrompre
Joindre
Mettre
Mourir
Naviguer
Noyer
Offrir

Partir
Payer
Peindre
Prendre
Recevoir
Résoudre
Rire
Savoir
Sentir
Sortir
Tenir
Vendre
Venir
Voir
Vouloir

Et maintenant tu es prêt pour t'exercer avec n'importe quel verbe.

NOTE DE L'AUTEUR - CADEAUX

J'ai besoin de vos idées et critiques constructives pour améliorer encore ma méthode !
Aussi, n'hésitez pas à m'envoyer la fiche d'évaluation, soit par voie postale au 664 chemin du Bois, 69140, Crépieux-la-Pape, soit par email à :

bdullin@happyparents.com

Nos autres ouvrages parus sont indiqués en page 1

Autres activités HAPPYPARENTS (voir également notre site www.happyparents.com) :

- Soutien scolaire en présentiel ou par téléphone niveau primaire et collège en mathématiques et français.
- Session Apprendre à apprendre.
- Animation de groupes d'adolescents et d'adultes autour de la gestion du stress et des relations humaines
- Animation de groupes pour la gestion des conflits
- Coaching scolaire, parental et familial
- Formation de formateurs pour le soutien, le coaching scolaire et l'animation d'ateliers

Des petits cadeaux :

J'écris **une lettre gratuite** sur Internet à destination des familles.

Tout ce qu'il y a de mieux pour elles : activités, références de livres ou de sites Internet, et des rubriques «coup de pouce», journal des bonnes nouvelles, suggestions diverses, petites annonces et,... quelques pensées pour cheminer.

Pour vous abonner, il suffit de vous inscrire sur notre site :

www.happyparents.com ..... Un **superbe cadeau** vous y attend.

Vous avez accès également à plus de **1000 diaporamas** gratuitement (avec recherche par mots clés) ainsi que plein d'autres ressources éducatives gratuites sur la rubrique cadeaux de notre site www.happyparents.com).

Bonne découverte !!

53 VERBES INDISPENSABLES A CONNAITRE

Cet apprentissage représente les bases de l'école primaire. Aussi, je ne vais y joindre en annexes que la conjugaison des verbes indispensables à connaitre en sortant du primaire. Ils sont classés par ordre alphabétique.

- Aimer
- Acheter
- Acquérir
- Aller
- Apercevoir
- Appeler
- Avoir
- Asseoir
- Balayer
- Bâtir
- Bouger
- Connaitre
- Convaincre
- Copier
- Courir
- Craindre
- Crier
- Cueillir
- Dire
- Ecrire
- Envoyer
- Etre
- Fabriquer
- Faire
- Finir
- Fleurir
- Jeter
- Joindre
- Jouer
- Lire
- Manger
- Mettre
- Mourir
- Naviguer
- Nouer
- Offrir
- Oublier
- Partir
- Payer
- Peindre
- Pouvoir
- Prendre
- Recevoir
- Résoudre
- Rincer
- Rire
- Rompre
- Sentir
- Sortir
- Tenir
- Venir
- Voir
- Vouloir

AIMER

Indicatif

	Présent - Maintenant	Passé Composé
J	aim e	ai aim é
T	aim es	as aim é
I	aim e	a aim é
N	aim ons	avons aim é
V	aim ez	avez aim é
Is	aim ent	ont aim é

	Imparfait - Hier	Plus-que-Parfait
J	aim ais	avais aim é
T	aim ais	avais aim é
I	aim ait	avait aim é
N	aim ions	avions aim é
V	aim iez	aviez aim é
Is	aim aient	avaient aim é

	Futur - Demain	Futur Antérieur
J	aimer ai	aurai aim é
T	aimer as	auras aim é
I	aimer a	aura aim é
N	aimer ons	aurons aim é
V	aimer ez	aurez aim é
Is	aimer ont	auront aim é

	Passé simple - Jadis, le roi et la reine	Passé Antérieur
J	aim ai	eus aim é
T	aim as	eus aim é
I	aim a	eut aim é
N	aim âmes	eûmes aim é
V	aim âtes	eûtes aim é
Is	aim èrent	eurent aim é

AIMER

Conditionnel

	Présent – Si j'étais riche, je...	Passé
J	aimer **ais**	**aurais** aim **é**
T	aimer **ais**	**aurais** aim **é**
I	aimer **ait**	**aurait** aim **é**
N	aimer **ions**	**aurions** aim **é**
V	aimer **iez**	**auriez** aim **é**
Is	aimer **aient**	**auraient** aim **é**

Subjonctif

	Présent – Il faut que...	Passé
Que J	aim **e**	**aie** aim **é**
Que T	aim **es**	**aies** aim **é**
Qu' I	aim **e**	**ait** aim **é**
Que N	aim **ions**	**ayons** aim **é**
Que V	aim **iez**	**ayez** aim **é**
Qu' Is	aim **ent**	**aient** aim **é**

Impératif

	Présent – Donner un ordre !	Passé
T	aim **e**	**aie** aim **é**
N	aim **ons**	**ayons** aim **é**
V	aim **ez**	**ayez** aim **é**

Participe

	Présent – En...	Passé
	aim **ant**	aim **é**, **ayant** aim **é**

ACHETER

Indicatif

	Présent - Maintenant		Passé Composé	
J	achèt	e	ai	achet é
T	achèt	es	as	achet é
I	achèt	e	a	achet é
N	achet	ons	avons	achet é
V	achet	ez	avez	achet é
Is	achèt	ent	ont	achet é

	Imparfait - Hier		Plus-que-Qarfait	
J	achet	ais	avais	achet é
T	achet	ais	avais	achet é
I	achet	ait	avait	achet é
N	achet	ions	avions	achet é
V	achet	iez	aviez	achet é
Is	achet	aient	avaient	achet é

	Futur - Demain		Futur Antérieur	
J	achèter	ai	aurai	achet é
T	achèter	as	auras	achet é
I	achèter	a	aura	achet é
N	achèter	ons	aurons	achet é
V	achèter	ez	aurez	achet é
Is	achèter	ont	auront	achet é

	Passé simple - Jadis, le roi et la reine		Passé Antérieur	
J	achet	ai	eus	achet é
T	achet	as	eus	achet é
I	achet	a	eut	achet é
N	achet	âmes	eûmes	achet é
V	achet	âtes	eûtes	achet é
Is	achet	èrent	eurent	achet é

ACHETER

Conditionnel

	Présent - Si j'étais riche, je...	Passé
J	achèter **ais**	**aurais** achet **é**
T	achèter **ais**	**aurais** achet **é**
I	achèter **ait**	**aurait** achet **é**
N	achèter **ions**	**aurions** achet **é**
V	achèter **iez**	**auriez** achet **é**
Is	achèter **aient**	**auraient** achet **é**

Subjonctif

	Présent - Il faut que...	Passé
Que J	achèt **e**	**aie** achet **é**
Que T	achèt **es**	**aies** achet **é**
Qu' I	achèt **e**	**ait** achet **é**
Que N	achet **ions**	**ayons** achet **é**
Que V	achet **iez**	**ayez** achet **é**
Qu' Is	achèt **ent**	**aient** achet **é**

Impératif

	Présent - Donner un ordre !	Passé
T	achèt **e**	**aie** achet **é**
N	achet **ons**	**ayons** achet **é**
V	achet **ez**	**ayez** achet **é**

Participe

	Présent - En...	Passé
	achet **ant**	achet **é**, **ayant** achet **é**

ACQUERIR

Indicatif

	Présent - Maintenant		Passé Composé	
J	acquier	s	ai	acqui is
T	acquier	s	as	acqui is
I	acquier	t	a	acqui is
N	acquér	ons	avons	acqui is
V	acquér	ez	avez	acqui is
Is	acquièr	ent	ont	acqui is

	Imparfait - Hier		Plus-que-Parfait	
J	acquér	ais	avais	acqui s
T	acquér	ais	avais	acqui s
I	acquér	ait	avait	acqui s
N	acquér	ions	avions	acqui s
V	acquér	iez	aviez	acqui s
Is	acquér	aient	avaient	acqui s

	Futur - Demain		Futur Antérieur	
J	acquerr	ai	aurai	acqui s
T	acquerr	as	auras	acqui s
I	acquerr	a	aura	acqui s
N	acquerr	ons	aurons	acqui s
V	acquerr	ez	aurez	acqui s
Is	acquerr	ont	auront	acqui s

	Passé simple - Jadis, le roi et la reine		Passé Antérieur	
J	acqu	is	eus	acqui s
T	acqu	is	eus	acqui s
I	acqu	it	eut	acqui s
N	acqu	îmes	eûmes	acqui s
V	acqu	îtes	eûtes	acqui s
Is	acqu	irent	eurent	acqui s

ACQUERIR

Conditionnel

	Présent - Si j'étais riche, je...		Passé	
J	acquerr	**ais**	**aurais**	acqui **s**
T	acquerr	**ais**	**aurais**	acqui **s**
I	acquerr	**ait**	**aurait**	acqui **s**
N	acquerr	**ions**	**aurions**	acqui **s**
V	acquerr	**iez**	**auriez**	acqui **s**
Is	acquerr	**aient**	**auraient**	acqui **s**

Subjonctif

	Présent - Il faut que...		Passé	
Que J	acquièr	**e**	**aie**	acqui **s**
Que T	acquièr	**es**	**aies**	acqui **s**
Qu' I	acquièr	**e**	**ait**	acqui **s**
Que N	acquér	**ions**	**ayons**	acqui **s**
Que V	acquér	**iez**	**ayez**	acqui **s**
Qu' Is	acquièr	**ent**	**aient**	acqui **s**

Impératif

	Présent - Donner un ordre !		Passé	
T	acquier	**s**	**aie**	acqui **is**
N	acquér	**ons**	**ayons**	acqui **is**
V	acquér	**ez**	**ayez**	acqui **is**

Participe

	Présent - En...	Passé
	acquér **ant**	acqui **s**, **ayant** acqui **s**

ALLER

Indicatif

	Présent - Maintenant	Passé Composé
J	vais	suis all é(e)
T	vas	es all é(e)
I	va	est all é
N	allons	sommes all é(e)s
V	allez	êtes all é(e)s
Is	vont	sont all és

	Imparfait - Hier	Plus-que-Parfait
J	all ais	étais all é(e)
T	all ais	étais all é(e)
I	all ait	était all é
N	all ions	étions all é(e)s
V	all iez	étiez all é(e)s
Is	all aient	étaient all és

	Futur - Demain	Futur Antérieur
J	irai	serai all é(e)
T	iras	seras all é(e)
I	ira	sera all é
N	irons	serons all é(e)s
V	irez	serez all é(e)s
Is	iront	seront all és

	Passé simple - Jadis, le roi et la reine	Passé Antérieur
J	all ai	fus all é(e)
T	all as	fus all é(e)
I	all a	fut all é
N	all âmes	fûmes all é(e)s
V	all âtes	fûtes all é(e)s
Is	all èrent	furent all és

ALLER

Conditionnel

	Présent - Si j'étais riche, je...	Passé
J	ir **ais**	**serais** all **é(e)**
T	ir **ais**	**serais** all **é(e)**
I	ir **ait**	**serait** all **é**
N	ir **ions**	**serions** all **é(e)s**
V	ir **iez**	**seriez** all **é(e)s**
Is	ir **aient**	**seraient** all **és**

Subjonctif

	Présent - Il faut que...	Passé
Que J	aill **e**	**sois** all **é(e)**
Que T	aill **es**	**sois** all **é(e)**
Qu' I	aill **e**	**soit** all **é**
Que N	all **ions**	**soyons** all **é(e)s**
Que V	all **iez**	**soyez** all **é(e)s**
Qu' Is	aill **ent**	**soient** all **és**

Impératif

	Présent - Donner un ordre !	Passé
T	va*	**sois** all **é(e)**
N	all **ons**	**soyons** all **é(e)s**
V	all **ez**	**soyez** all **é(e)s**

Participe

	Présent - En...	Passé
	all **ant**	all **é**, **étant** all **é**

* Si on avait utilisé les pronoms personnels « elle » et « elles », on écrirait le participe passé respectivement « assise » et « assises » à tous les temps composés

* Le verbe Aller, conjugué à la 2ème personne du singulier de l'impératif, s'écrit « va ». Cependnt, pour éviter le hiatus « va-y », on ajoute un « S » à « va » et va s'écrira→ **vas-y**

APERCEVOIR

Indicatif

	Présent - Maintenant	Passé Composé
J	aperç ois	ai aperç u
T	aperç ois	as aperç u
I	aperç oit	a aperç u
N	apercev ons	avons aperç u
V	apercev ez	avez aperç u
Is	aperç oivent	ont aperç u

	Imparfait - Hier	Plus-que-Parfait
J	apercev ais	avais aperç u
T	apercev ais	avais aperç u
I	apercev ait	avait aperç u
N	apercev ions	avions aperç u
V	apercev iez	aviez aperç u
Is	apercev aient	avaient aperç u

	Futur - Demain	Futur Antérieur
J	apercevr ai	aurai aperç u
T	apercevr as	auras aperç u
I	apercevr a	aura aperç u
N	apercevr ons	aurons aperç u
V	apercevr ez	aurez aperç u
Is	apercevr ont	auront aperç u

	Passé simple - Jadis, le roi et la reine	Passé Antérieur
J	aperç us	eus aperç u
T	aperç us	eus aperç u
I	aperç ut	eut aperç u
N	aperç ûmes	eûmes aperç u
V	aperç ûtes	eûtes aperç u
Is	aperç urent	eurent aperç u

APERCEVOIR

Conditionnel

	Présent – Si j'étais riche, je...	Passé
J	apercevr ais	aurais aperç u
T	apercevr ais	aurais aperç u
Il	apercevr ait	aurait aperç u
N	apercevr ions	aurions aperç u
V	apercevr iez	auriez aperç u
Ils	apercevr aient	auraient aperç u

Subjonctif

	Présent – Il faut que...	Passé
Que J	aperç oive	aie aperç u
Que T	aperç oives	aies aperç u
Qu' Il	aperç oive	ait aperç u
Que N	apercev ions	ayons aperç u
Que V	apercev iez	ayez aperç u
Qu' Ils	aperç oivent	aient aperç u

Impératif

	Présent – Donner un ordre !	Passé
T	aperç ois	aie aperç u
N	apercev ons	ayons aperç u
V	apercev ez	ayez aperç u

Participe

	Présent – En...	Passé
	apercev ant	aperç u, ayant aperç u

APPELER

ABoiER

Indicatif

	Présent - Maintenant		Passé Composé	
J	appell	e ABoiE	ai	appel é
T	appell	es ABoiES	as	appel é
I	appell	e ABoiE	a	appel é
N	appel	ons	avons	appel é
V	appel	ez	avez	appel é
Is	appell	ent	ont	appel é

	Imparfait - Hier		Plus-que-Parfait	
J	appel	ais	avais	appel é
T	appel	ais	avais	appel é
I	appel	ait	avait	appel é
N	appel	ions	avions	appel é
V	appel	iez	aviez	appel é
Is	appel	aient	avaient	appel é

	Futur - Demain		Futur Antérieur	
J	appeller	ai	aurai	appel é
T	appeller	as	auras	appel é
I	appeller	a	aura	appel é
N	appeller	ons	aurons	appel é
V	appeller	ez	aurez	appel é
Is	appeller	ont	auront	appel é

	Passé simple - Jadis, le roi et la reine		Passé Antérieur	
J	appel	ai	eus	appel é
T	appel	as	eus	appel é
I	appel	a	eut	appel é
N	appel	âmes	eûmes	appel é
V	appel	âtes	eûtes	appel é
Is	appel	èrent	eurent	appel é

APPELER

Conditionnel

	Présent – Si j'étais riche, je...	Passé
J	appeller **ais**	**aurais** appel **é**
T	appeller **ais**	**aurais** appel **é**
I	appeller **ait**	**aurait** appel **é**
N	appeller **ions**	**aurions** appel **é**
V	appeller **iez**	**auriez** appel **é**
Is	appeller **aient**	**auraient** appel **é**

Subjonctif

	Présent – Il faut que...	Passé
Que J	appell **e**	**aie** appel **é**
Que T	appell **es**	**aies** appel **é**
Qu' I	appell **e**	**ait** appel **é**
Que N	appel **ions**	**ayons** appel **é**
Que V	appel **iez**	**ayez** appel **é**
Qu' Is	appell **ent**	**aient** appel **é**

Impératif

	Présent – Donner un ordre !	Passé
T	appell **e**	**aie** appel **é**
N	appel **ons**	**ayons** appel **é**
V	appel **ez**	**ayez** appel **é**

Participe

	Présent – En...	Passé
	appel **ant**	appel **é**, **ayant** appel **é**

AVOIR

Indicatif

	Présent - Maintenant	Passé Composé
J	ai	ai eu
T	as	as eu
I	a	a eu
N	avons	avons eu
V	avez	avez eu
Is	ont	ont eu

	Imparfait - Hier	Plus-que-Parfait
J	av ais	avais eu
T	av ais	avais eu
I	av ait	avait eu
N	av ions	avions eu
V	av iez	aviez eu
Is	av aient	avaient eu

	Futur - Demain	Futur Antérieur
J	aur ai	aurai eu
T	aur as	auras eu
I	aur a	aura eu
N	aur ons	aurons eu
V	aur ez	aurez eu
Is	aur ont	auront eu

	Passé simple - Jadis, le roi et la reine	Passé Antérieur
J	eus	eus eu
T	eus	eus eu
I	eut	eut eu
N	eûmes	eûmes eu
V	eûtes	eûtes eu
Is	eurent	eurent eu

AVOIR

Conditionnel

	Présent – Si j'étais riche, je...	Passé
J	aur **ais**	**aurais** eu
T	aur **ais**	**aurais** eu
I	aur **ait**	**aurait** eu
N	aur **ions**	**aurions** eu
V	aur **iez**	**auriez** eu
Is	aur **aient**	**auraient** eu

Subjonctif

	Présent – Il faut que...	Passé
Que J	aie	**aie** eu
Que T	aies	**aies** eu
Qu' I	ait	**ait** eu
Que N	ayons	**ayons** eu
Que V	ayez	**ayez** eu
Qu' Is	aient	**aient** eu

Impératif

	Présent – Donner un ordre !	Passé
T	ai **e**	**aie** eu
N	ay **ons**	**ayons** eu
V	ay **ez**	**ayez** eu

Participe

	Présent – En...	Passé
	ay **ant**	eu, **ayant** eu

S'ASSEOIR

Indicatif

	Présent - Maintenant			Passé Composé	
J	m'assoi s	ou	m'assie ds	me suis	assi s(e)
T	t'assoi s	ou	t'assie ds	t'es	assi s(e)
I	s'assoi t	ou	s'assie d	s' est	assi s
N	nous assoy ons	ou	nous assey ons	nous sommes	assi s (es)
V	vous assoy ez	ou	vous assey ez	vous êtes	assi s (es)
Is	s'assoi ent	ou	s'assey ent	se sont	assi s

	Imparfait - Hier			Plus-que-Parfait	
J	m'assoy ais	ou	m'assey ais	m'étais	assi s(e)
T	t'assoy ais	ou	t'assey ais	t'étais	assi s(e)
I	s'assoy ait	ou	s'assey ait	s'était	assi s
N	nous assoy ions	ou	nous assey ions	nous étions	assi s (es)
V	vous assoy iez	ou	vous assey iez	vous étiez	assi s (es)
Is	s'assoy aient	ou	s'assey aient	s'étaient	assi s

	Futur - Demain			Futur Antérieur	
J	m'assoir ai	ou	m'assiér ai	me serai	assi s(e)
T	t'assoir as	ou	t'assiér as	te seras	assi s(e)
I	s'assoir a	ou	s'assiér a	se sera	assi s
N	nous assoir ons	ou	nous assiér ons	nous serons	assi s (es)
V	vous assoir ez	ou	vous assiér ez	vous serez	assi s (es)
Is	s'assoir ont	ou	s'assiér ont	se seront	assi s

	Passé simple - Jadis, le roi et la reine		Passé Antérieur	
J	m'ass	is	me fus	assi s(e)
T	t'ass	is	te fus	assi s(e)
I	s'ass	it	se fut	assi s
N	nous ass	îmes	nous fûmes	assi s(es)
V	vous ass	îtes	vous fûtes	assi s(es)
Is	s'ass	irent	se furent	assi s

S'ASSEOIR

Conditionnel

	Présent - Si j'étais riche, je...			Passé	
J	m'assoir **ais**	ou	m'assiér **ais**	me **serais**	assi **s(e)**
T	t'assoir **ais**	ou	t'assiér **ais**	te **serais**	assi **s(e)**
I	s'assoir **ait**	ou	s'assiér **ait**	se **serait**	assi **s**
N	nous assoir **ions**	ou	nous assiér **ions**	nous **serions**	assi **s (es)**
V	vous assoir **iez**	ou	vous assiér **iez**	vous **seriez**	assi **s (es)**
Is	s'assoir **aient**	ou	s'assiér **aient**	se **seraient**	assi **s**

Subjonctif

	Présent - Il faut que...			Passé	
J	m'assoi **e**	ou	m'assey **e**	me **sois**	assi **s(e)**
T	t'assoi **es**	ou	t'assey **es**	te **sois**	assi **s(e)**
I	s'assoi **e**	ou	s'assey **e**	se **soit**	assi **s**
N	nous assoy **ions**	ou	nous assey **ions**	nous **soyons**	assi **s (es)**
V	vous assoy **iez**	ou	vous assey **iez**	vous **soyez**	assi **s (es)**
Is	s'assoi **ent**	ou	s'assey **ent**	se **soient**	assi **s**

Impératif

	Présent - Donner un ordre !			Passé	
T	assoi **s**	ou	assied **s**	**sois**	assi **s(e)**
N	assoy **ons**	ou	assey **ons**	**soyons**	assi **s (es)**
V	assoy **ez**	ou	assey **ez**	**soyez**	assi **s (es)**

Participe

	Présent - En...	Passé
	s'assoy **ant** ou s'assey **ant**	assi **s(e)(es)**, **en s'étant** assi **s(e)(es)**

* Si on avait utilisé les pronoms personnels « elle » et « elles », on écrirait le participe passé respectivement « assise » et « assises » à tous les temps composés

BALAYER

Indicatif

	Présent - Maintenant		Passé Composé	
J	balai	e	ai	balay é
T	balai	es	as	balay é
I	balai	e	a	balay é
N	balay	ons	avons	balay é
V	balay	ez	avez	balay é
Is	balai	ent	ont	balay é

	Imparfait - Hier		Plus-que-Parfait	
J	balay	ais	avais	balay é
T	balay	ais	avais	balay é
I	balay	ait	avait	balay é
N	balay	ions	avions	balay é
V	balay	iez	aviez	balay é
Is	balay	aient	avaient	balay é

	Futur - Demain		Futur Antérieur	
J	balaier	ai	aurai	balay é
T	balaier	as	auras	balay é
I	balaier	a	aura	balay é
N	balaier	ons	aurons	balay é
V	balaier	ez	aurez	balay é
Is	balaier	ont	auront	balay é

	Passé simple - Jadis, le roi et la reine		Passé Antérieur	
J	balay	ai	eus	balay é
T	balay	as	eus	balay é
I	balay	a	eut	balay é
N	balay	âmes	eûmes	balay é
V	balay	âtes	eûtes	balay é
Is	balay	èrent	eurent	balay é

BALAYER

Conditionnel

	Présent – Si j'étais riche, je...		Passé	
J	balaier	**ais**	**aurais**	balay **é**
T	balaier	**ais**	**aurais**	balay **é**
I	balaier	**ait**	**aurait**	balay **é**
N	balaier	**ions**	**aurions**	balay **é**
V	balaier	**iez**	**auriez**	balay **é**
Is	balaier	**aient**	**auraient**	balay **é**

Subjonctif

	Présent – Il faut que...		Passé	
Que J	balai	**e**	**aie**	balay **é**
Que T	balai	**es**	**aies**	balay **é**
Qu' I	balai	**e**	**ait**	balay **é**
Que N	balay	**ions**	**ayons**	balay **é**
Que V	balay	**iez**	**ayez**	balay **é**
Qu' Is	balai	**ent**	**aient**	balay **é**

Impératif

	Présent – Donner un ordre !		Passé	
T	balai	**e**	**aie**	balay **é**
N	balay	**ons**	**ayons**	balay **é**
V	balay	**ez**	**ayez**	balay **é**

Participe

	Présent – En...	Passé
	balay **ant**	balay **é**, **ayant** balay **é**

BATIR

Indicatif

	Présent - Maintenant	Passé Composé
J	bât is	ai bât i
T	bât is	as bât i
I	bât it	a bât i
N	bât issons	avons bât i
V	bât issez	avez bât i
Is	bât issent	ont bât i

	Imparfait - Hier	Plus-que-Parfait
J	bâtiss ais	avais bât i
T	bâtiss ais	avais bât i
I	bâtiss ait	avait bât i
N	bâtiss ions	avions bât i
V	bâtiss iez	aviez bât i
Is	bâtiss aient	avaient bât i

	Futur - Demain	Futur Antérieur
J	bâtir ai	aurai bât i
T	bâtir as	auras bât i
I	bâtir a	aura bât i
N	bâtir ons	aurons bât i
V	bâtir ez	aurez bât i
Is	bâtir ont	auront bât i

	Passé simple - Jadis, le roi et la reine	Passé Antérieur
J	bât is	eus bât i
T	bât is	eus bât i
I	bât it	eut bât i
N	bât îmes	eûmes bât i
V	bât îtes	eûtes bât i
Is	bât irent	eurent bât i

BATIR

Conditionnel

	Présent - Si j'étais riche, je...	Passé
J	bâtir **ais**	**aurais** bât **i**
T	bâtir **ais**	**aurais** bât **i**
I	bâtir **ait**	**aurait** bât **i**
N	bâtir **ions**	**aurions** bât **i**
V	bâtir **iez**	**auriez** bât **i**
Is	bâtir **aient**	**auraient** bât **i**

Subjonctif

	Présent - Il faut que...	Passé
Que J	bât **isse**	**aie** bât **i**
Que T	bât **isses**	**aies** bât **i**
Qu' I	bât **isse**	**ait** bât **i**
Que N	bât **issions**	**ayons** bât **i**
Que V	bât **issiez**	**ayez** bât **i**
Qu' Is	bât **issent**	**aient** bât **i**

Impératif

	Présent - Donner un ordre !	Passé
T	bât **is**	**aie** bât **i**
N	bât **issons**	**ayons** bât **i**
V	bât **issez**	**ayez** bât **i**

Participe

	Présent - En...	Passé
	bâtiss **ant**	bât **i**, **ayant** bât **i**

BOUGER

Indicatif

	Présent - Maintenant		Passé Composé	
J	boug	e	ai	boug é
T	boug	es	as	boug é
I	boug	e	a	boug é
N	bouge	ons	avons	boug é
V	boug	ez	avez	boug é
Is	boug	ent	ont	boug é

	Imparfait - Hier		Plus-que-Parfait	
J	bouge	ais	avais	boug é
T	bouge	ais	avais	boug é
I	bouge	ait	avait	boug é
N	boug	ions	avions	boug é
V	boug	iez	aviez	boug é
Is	bouge	aient	avaient	boug é

	Futur - Demain		Futur Antérieur	
J	bouger	ai	aurai	boug é
T	bouger	as	auras	boug é
I	bouger	a	aura	boug é
N	bouger	ons	aurons	boug é
V	bouger	ez	aurez	boug é
Is	bouger	ont	auront	boug é

	Passé simple - Jadis, le roi et la reine		Passé Antérieur	
J	bouge	ai	eus	boug é
T	bouge	as	eus	boug é
I	bouge	a	eut	boug é
N	bouge	âmes	eûmes	boug é
V	bouge	âtes	eûtes	boug é
Is	boug	èrent	eurent	boug é

BOUGER

Conditionnel

	Présent - Si j'étais riche, je...	Passé
J	bouger ais	aurais boug é
T	bouger ais	aurais boug é
I	bouger ait	aurait boug é
N	bouger ions	aurions boug é
V	bouger iez	auriez boug é
Is	bouger aient	auraient boug é

Subjonctif

	Présent - Il faut que...	Passé
Que J	boug e	aie boug é
Que T	boug es	aies boug é
Qu' I	boug e	ait boug é
Que N	boug ions	ayons boug é
Que V	boug iez	ayez boug é
Qu' Is	boug ent	aient boug é

Impératif

	Présent - Donner un ordre !	Passé
T	boug e	aie boug é
N	bouge ons	ayons boug é
V	boug ez	ayez boug é

Participe

	Présent - En...	Passé
	bouge ant	boug é, ayant boug é

CONNAITRE

Indicatif

	Présent - Maintenant		Passé Composé	
J	connai	s	ai	conn u
T	connai	s	as	conn u
I	connai	t	a	conn u
N	connaiss	ons	avons	conn u
V	connaiss	ez	avez	conn u
Is	connaiss	ent	ont	conn u

	Imparfait - Hier		Plus-que-Parfait	
J	connaiss	ais	avais	conn u
T	connaiss	ais	avais	conn u
I	connaiss	ait	avait	conn u
N	connaiss	ions	avions	conn u
V	connaiss	iez	aviez	conn u
Is	connaiss	aient	avaient	conn u

	Futur - Demain		Futur Antérieur	
J	connaitr	ai	aurai	conn u
T	connaitr	as	auras	conn u
I	connaitr	a	aura	conn u
N	connaitr	ons	aurons	conn u
V	connaitr	ez	aurez	conn u
Is	connaitr	ont	auront	conn u

	Passé simple - Jadis, le roi et la reine		Passé Antérieur	
J	conn	us	eus	conn u
T	conn	us	eus	conn u
I	conn	ut	eut	conn u
N	conn	ûmes	eûmes	conn u
V	conn	ûtes	eûtes	conn u
Is	conn	urent	eurent	conn u

CONNAITRE

Conditionnel

	Présent - Si j'étais riche, je...	Passé
J	connaitr **ais**	**aurais** conn **u**
T	connaitr **ais**	**aurais** conn **u**
I	connaitr **ait**	**aurait** conn **u**
N	connaitr **ions**	**aurions** conn **u**
V	connaitr **iez**	**auriez** conn **u**
Is	connaitr **aient**	**auraient** conn **u**

Subjonctif

	Présent - Il faut que...	Passé
Que J	connaiss **e**	**aie** conn **u**
Que T	connaiss **es**	**aies** conn **u**
Qu' I	connaiss **e**	**ait** conn **u**
Que N	connaiss **ions**	**ayons** conn **u**
Que V	connaiss **iez**	**ayez** conn **u**
Qu' Is	connaiss **ent**	**aient** conn **u**

Impératif

	Présent - Donner un ordre !	Passé
T	connai **s**	**aie** conn **u**
N	connaiss **ons**	**ayons** conn **u**
V	connaiss **ez**	**ayez** conn **u**

Participe

	Présent - En...	Passé
	connaiss **ant**	conn **u**, **ayant** conn **u**

CONVAINCRE

Indicatif

	Présent - Maintenant		Passé Composé	
J	convain	cs	ai	convainc u
T	convain	cs	as	convainc u
I	convain	c	a	convainc u
N	convainqu	ons	avons	convainc u
V	convainqu	ez	avez	convainc u
Is	convainqu	ent	ont	convainc u

	Imparfait - Hier		Plus-que-Parfait	
J	convainqu	ais	avais	convainc u
T	convainqu	ais	avais	convainc u
I	convainqu	ait	avait	convainc u
N	convainqu	ions	avions	convainc u
V	convainqu	iez	aviez	convainc u
Is	convainqu	aient	avaient	convainc u

	Futur - Demain		Futur Antérieur	
J	convaincr	ai	aurai	convainc u
T	convaincr	as	auras	convainc u
I	convaincr	a	aura	convainc u
N	convaincr	ons	aurons	convainc u
V	convaincr	ez	aurez	convainc u
Is	convaincr	ont	auront	convainc u

	Passé simple - Jadis, le roi et la reine		Passé Antérieur	
J	convainqu	is	eus	convainc u
T	convainqu	is	eus	convainc u
I	convainqu	it	eut	convainc u
N	convainqu	îmes	eûmes	convainc u
V	convainqu	îtes	eûtes	convainc u
Is	convainqu	irent	eurent	convainc u

CONVAINCRE

Conditionnel

	Présent – Si j'étais riche, je...	Passé
J	convaincr **ais**	**aurais** convainc **u**
T	convaincr **ais**	**aurais** convainc **u**
I	convaincr **ait**	**aurait** convainc **u**
N	convaincr **ions**	**aurions** convainc **u**
V	convaincr **iez**	**auriez** convainc **u**
Is	convaincr **aient**	**auraient** convainc **u**

Subjonctif

	Présent – Il faut que...	Passé
Que J	convain**qu** **e**	**aie** convainc **u**
Que T	convain**qu** **es**	**aies** convainc **u**
Qu' I	convain**qu** **e**	**ait** convainc **u**
Que N	convain**qu** **ions**	**ayons** convainc **u**
Que V	convain**qu** **iez**	**ayez** convainc **u**
Qu' Is	convain**qu** **ent**	**aient** convainc **u**

Impératif

	Présent – Donner un ordre !	Passé
T	convainc **s**	**aie** convainc **u**
N	convain**qu** **ons**	**ayons** convainc **u**
V	convain**qu** **ez**	**ayez** convainc **u**

Participe

	Présent – En...	Passé
	convainqu **ant**	convainc **u**, **ayant** convainc **u**

COPIER

Indicatif

	Présent - Maintenant		Passé Composé	
J	copi	e	ai	copi é
T	copi	es	as	copi é
I	copi	e	a	copi é
N	copi	ons	avons	copi é
V	copi	ez	avez	copi é
Is	copi	ent	ont	copi é

	Imparfait - Hier		Plus-que-Parfait	
J	copi	ais	avais	copi é
T	copi	ais	avais	copi é
I	copi	ait	avait	copi é
N	copi	ions	avions	copi é
V	copi	iez	aviez	copi é
Is	copi	aient	avaient	copi é

	Futur - Demain		Futur Antérieur	
J	copier	ai	aurai	copi é
T	copier	as	auras	copi é
I	copier	a	aura	copi é
N	copier	ons	aurons	copi é
V	copier	ez	aurez	copi é
Is	copier	ont	auront	copi é

	Passé simple - Jadis, le roi et la reine		Passé Antérieur	
J	copi	ai	eus	copi é
T	copi	as	eus	copi é
I	copi	a	eut	copi é
N	copi	âmes	eûmes	copi é
V	copi	âtes	eûtes	copi é
Is	copi	èrent	eurent	copi é

COPIER

Conditionnel

	Présent - Si j'étais riche, je...	Passé
J	copier **ais**	**aurais** copi **é**
T	copier **ais**	**aurais** copi **é**
I	copier **ait**	**aurait** copi **é**
N	copier **ions**	**aurions** copi **é**
V	copier **iez**	**auriez** copi **é**
Is	copier **aient**	**auraient** copi **é**

Subjonctif

	Présent - Il faut que...	Passé
Que J	copi **e**	**aie** copi **é**
Que T	copi **es**	**aies** copi **é**
Qu' I	copi **e**	**ait** copi **é**
Que N	copi **ions**	**ayons** copi **é**
Que V	copi **iez**	**ayez** copi **é**
Qu' Is	copi **ent**	**aient** copi **é**

Impératif

	Présent - Donner un ordre !	Passé
T	copi **e**	**aie** copi **é**
N	copi **ons**	**ayons** copi **é**
V	copi **ez**	**ayez** copi **é**

Participe

	Présent - En...	Passé
	copi **ant**	copi **é**, **ayant** copi **é**

COURIR

Indicatif

	Présent - Maintenant	Passé Composé
J	cour s	ai cour u
T	cour s	as cour u
I	cour t	a cour u
N	cour ons	avons cour u
V	cour ez	avez cour u
Is	cour ent	ont cour u

	Imparfait - Hier	Plus-que-Parfait
J	cour ais	avais cour u
T	cour ais	avais cour u
I	cour ait	avait cour u
N	cour ions	avions cour u
V	cour iez	aviez cour u
Is	cour aient	avaient cour u

	Futur - Demain	Futur Antérieur
J	courr ai	aurai cour u
T	courr as	auras cour u
I	courr a	aura cour u
N	courr ons	aurons cour u
V	courr ez	aurez cour u
Is	courr ont	auront cour u

	Passé simple - Jadis, le roi et la reine	Passé Antérieur
J	cour us	eus cour u
T	cour us	eus cour u
I	cour ut	eut cour u
N	cour ûmes	eûmes cour u
V	cour ûtes	eûtes cour u
Is	cour urent	eurent cour u

COURIR

Conditionnel

	Présent - Si j'étais riche, je...	Passé
J	courr ais	aurais cour u
T	courr ais	aurais cour u
I	courr ait	aurait cour u
N	courr ions	aurions cour u
V	courr iez	auriez cour u
Is	courr aient	auraient cour u

Subjonctif

	Présent - Il faut que...	Passé
Que J	cour e	aie cour u
Que T	cour es	aies cour u
Qu' I	cour e	ait cour u
Que N	cour ions	ayons cour u
Que V	cour iez	ayez cour u
Qu' Is	cour ent	aient cour u

Impératif

	Présent - Donner un ordre !	Passé
T	cour s	aie cour u
N	cour ons	ayons cour u
V	cour ez	ayez cour u

Participe

	Présent - En...	Passé
	cour ant	cour u, ayant cour u

CRAINDRE

Indicatif

	Présent - Maintenant		Passé Composé	
J	crain	s	ai	crain t
T	crain	s	as	crain t
I	crain	t	a	crain t
N	craign	ons	avons	crain t
V	craign	ez	avez	crain t
Is	craign	ent	ont	crain t

	Imparfait - Hier		Plus-que-Parfait	
J	craign	ais	avais	crain t
T	craign	ais	avais	crain t
I	craign	ait	avait	crain t
N	craign	ions	avions	crain t
V	craign	iez	aviez	crain t
Is	craign	aient	avaient	crain t

	Futur - Demain		Futur Antérieur	
J	craindr	ai	aurai	crain t
T	craindr	as	auras	crain t
I	craindr	a	aura	crain t
N	craindr	ons	aurons	crain t
V	craindr	ez	aurez	crain t
Is	craindr	ont	auront	crain t

	Passé simple - Jadis, le roi et la reine		Passé Antérieur	
J	craign	is	eus	crain t
T	craign	is	eus	crain t
I	craign	it	eut	crain t
N	craign	îmes	eûmes	crain t
V	craign	îtes	eûtes	crain t
Is	craign	irent	eurent	crain t

CRAINDRE

Conditionnel

	Présent - Si j'étais riche, je...	Passé
J	craindr **ais**	**aurais** crain **t**
T	craindr **ais**	**aurais** crain **t**
I	craindr **ait**	**aurait** crain **t**
N	craindr **ions**	**aurions** crain **t**
V	craindr **iez**	**auriez** crain **t**
Is	craindr **aient**	**auraient** crain **t**

Subjonctif

	Présent - Il faut que...	Passé
Que J	craign **e**	**aie** crain **t**
Que T	craign **es**	**aies** crain **t**
Qu' I	craign **e**	**ait** crain **t**
Que N	craign **ions**	**ayons** crain **t**
Que V	craign **iez**	**ayez** crain **t**
Qu' Is	craign **ent**	**aient** crain **t**

Impératif

	Présent - Donner un ordre !	Passé
T	crain **s**	**aie** crain **t**
N	craign **ons**	**ayons** crain **t**
V	craign **ez**	**ayez** crain **t**

Participe

	Présent - En...	Passé
	craign **ant**	crain **t**, **ayant** crain **t**

CRIER

Indicatif

	Présent - Maintenant	Passé Composé
J	cri e	ai cri é
T	cri es	as cri é
I	cri e	a cri é
N	cri ons	avons cri é
V	cri ez	avez cri é
Is	cri ent	ont cri é

	Imparfait - Hier	Plus-que-Parfait
J	cri ais	avais cri é
T	cri ais	avais cri é
I	cri ait	avait cri é
N	cri ions	avions cri é
V	cri iez	aviez cri é
Is	cri aient	avaient cri é

	Futur - Demain	Futur Antérieur
J	crier ai	aurai cri é
T	crier as	auras cri é
I	crier a	aura cri é
N	crier ons	aurons cri é
V	crier ez	aurez cri é
Is	crier ont	auront cri é

	Passé simple - Jadis, le roi et la reine	Passé Antérieur
J	cri ai	eus cri é
T	cri as	eus cri é
I	cri a	eut cri é
N	cri âmes	eûmes cri é
V	cri âtes	eûtes cri é
Is	cri èrent	eurent cri é

CRIER

Conditionnel

	Présent - Si j'étais riche, je...	Passé
J	crier **ais**	**aurais** cri **é**
T	crier **ais**	**aurais** cri **é**
I	crier **ait**	**aurait** cri **é**
N	crier **ions**	**aurions** cri **é**
V	crier **iez**	**auriez** cri **é**
Is	crier **aient**	**auraient** cri **é**

Subjonctif

	Présent - Il faut que...	Passé
Que J	cri **e**	**aie** cri **é**
Que T	cri **es**	**aies** cri **é**
Qu' I	cri **e**	**ait** cri **é**
Que N	cri **ions**	**ayons** cri **é**
Que V	cri **iez**	**ayez** cri **é**
Qu' Is	cri **ent**	**aient** cri **é**

Impératif

	Présent - Donner un ordre !	Passé
T	cri **e**	**aie** cri **é**
N	cri **ons**	**ayons** cri **é**
V	cri **ez**	**ayez** cri **é**

Participe

	Présent - En...	Passé
	cri **ant**	cri **é**, **ayant** cri **é**

CUEILLIR

Indicatif

	Présent - Maintenant	Passé Composé
J	cueill e	ai cueill i
T	cueill es	as cueill i
I	cueill e	a cueill i
N	cueill ons	avons cueill i
V	cueill ez	avez cueill i
Is	cueill ent	ont cueill i

	Imparfait - Hier	Plus-que-Parfait
J	cueill ais	avais cueill i
T	cueill ais	avais cueill i
I	cueill ait	avait cueill i
N	cueill ions	avions cueill i
V	cueill iez	aviez cueill i
Is	cueill aient	avaient cueill i

	Futur - Demain	Futur Antérieur
J	cueiller ai	aurai cueill i
T	cueiller as	auras cueill i
I	cueiller a	aura cueill i
N	cueiller ons	aurons cueill i
V	cueiller ez	aurez cueill i
Is	cueiller ont	auront cueill i

	Passé simple - Jadis, le roi et la reine	Passé Antérieur
J	cueill is	eus cueill i
T	cueill is	eus cueill i
I	cueill it	eut cueill i
N	cueill îmes	eûmes cueill i
V	cueill îtes	eûtes cueill i
Is	cueill irent	eurent cueill i

CUEILLIR

Conditionnel

	Présent - Si j'étais riche, je...	Passé
J	cueiller **ais**	**aurais** cueill **i**
T	cueiller **ais**	**aurais** cueill **i**
I	cueiller **ait**	**aurait** cueill **i**
N	cueiller **ions**	**aurions** cueill **i**
V	cueiller **iez**	**auriez** cueill **i**
Is	cueiller **aient**	**auraient** cueill **i**

Subjonctif

	Présent - Il faut que...	Passé
Que J	cueill **e**	**aie** cueill **i**
Que T	cueill **es**	**aies** cueill **i**
Qu' I	cueill **e**	**ait** cueill **i**
Que N	cueill **ions**	**ayons** cueill **i**
Que V	cueill **iez**	**ayez** cueill **i**
Qu' Is	cueill **ent**	**aient** cueill **i**

Impératif

	Présent - Donner un ordre !	Passé
T	cueill **e**	**aie** cueill **i**
N	cueill **ons**	**ayons** cueill **i**
V	cueill **ez**	**ayez** cueill **i**

Participe

	Présent - En...	Passé
	cueill **ant**	cueill **i**, **ayant** cueill **i**

DIRE

Indicatif

	Présent - Maintenant	Passé Composé
J	di s	ai di t
T	di s	as di t
I	di t	a di t
N	dis ons	avons di t
V	di tes	avez di t
Is	dis ent	ont di t

	Imparfait - Hier	Plus-que-Parfait
J	dis ais	avais di t
T	dis ais	avais di t
I	dis ait	avait di t
N	dis ions	avions di t
V	dis iez	aviez di t
Is	dis aient	avaient di t

	Futur - Demain	Futur Antérieur
J	dir ai	aurai di t
T	dir as	auras di t
I	dir a	aura di t
N	dir ons	aurons di t
V	dir ez	aurez di t
Is	dir ont	auront di t

	Passé simple - Jadis, le roi et la reine	Passé Antérieur
J	d is	eus di t
T	d is	eus di t
I	d it	eut di t
N	d îmes	eûmes di t
V	d îtes	eûtes di t
Is	d irent	eurent di t

DIRE

Conditionnel

	Présent - Si j'étais riche, je…	Passé
J	dir **ais**	**aurais** di **t**
T	dir **ais**	**aurais** di **t**
I	dir **ait**	**aurait** di **t**
N	dir **ions**	**aurions** di **t**
V	dir **iez**	**auriez** di **t**
Is	dir **aient**	**auraient** di **t**

Subjonctif

	Présent - Il faut que…	Passé
Que J	dis **e**	**aie** di **t**
Que T	dis **es**	**aies** di **t**
Qu' I	dis **e**	**ait** di **t**
Que N	dis **ions**	**ayons** di **t**
Que V	dis **iez**	**ayez** di **t**
Qu' Is	dis **ent**	**aient** di **t**

Impératif

	Présent - Donner un ordre !	Passé
T	di **s**	**aie** di **t**
N	dis **ons**	**ayons** di **t**
V	di **tes**	**ayez** di **t**

Participe

	Présent - En…	Passé
	dis **ant**	di **t**, **ayant** di **t**

ECRIRE

Indicatif

	Présent - Maintenant		Passé Composé	
J	écr	is	ai	écri t
T	écr	is	as	écri t
I	écr	it	a	écri t
N	écriv	ons	avons	écri t
V	écriv	ez	avez	écri t
Is	écriv	ent	ont	écri t

	Imparfait - Hier		Plus-que-Parfait	
J	écriv	ais	avais	écri t
T	écriv	ais	avais	écri t
I	écriv	ait	avait	écri t
N	écriv	ions	avions	écri t
V	écriv	iez	aviez	écri t
Is	écriv	aient	avaient	écri t

	Futur - Demain		Futur Antérieur	
J	écrir	ai	aurai	écri t
T	écrir	as	auras	écri t
I	écrir	a	aura	écri t
N	écrir	ons	aurons	écri t
V	écrir	ez	aurez	écri t
Is	écrir	ont	auront	écri t

	Passé simple - Jadis, le roi et la reine		Passé Antérieur	
J	écriv	is	eus	écri t
T	écriv	is	eus	écri t
I	écriv	it	eut	écri t
N	écriv	îmes	eûmes	écri t
V	écriv	îtes	eûtes	écri t
Is	écriv	irent	eurent	écri t

ECRIRE

Conditionnel

	Présent - Si j'étais riche, je...	Passé
J	écrir **ais**	**aurais** écri **t**
T	écrir **ais**	**aurais** écri **t**
I	écrir **ait**	**aurait** écri **t**
N	écrir **ions**	**aurions** écri **t**
V	écrir **iez**	**auriez** écri **t**
Is	écrir **aient**	**auraient** écri **t**

Subjonctif

	Présent - Il faut que...	Passé
Que J	écri**v** **e**	**aie** écri **t**
Que T	écri**v** **es**	**aies** écri **t**
Qu' I	écri**v** **e**	**ait** écri **t**
Que N	écri**v** **ions**	**ayons** écri **t**
Que V	écri**v** **iez**	**ayez** écri **t**
Qu' Is	écri**v** **ent**	**aient** écri **t**

Impératif

	Présent - Donner un ordre !	Passé
T	écri **s**	**aie** écri **t**
N	écri**v** **ons**	**ayons** écri **t**
V	écri**v** **ez**	**ayez** écri **t**

Participe

	Présent - En...	Passé
	écriv **ant**	écri **t**, **ayant** écri **t**

ENVOYER

Indicatif

	Présent - Maintenant		Passé Composé	
J	envoi	e	ai	envoy é
T	envoi	es	as	envoy é
I	envoi	e	a	envoy é
N	envoy	ons	avons	envoy é
V	envoy	ez	avez	envoy é
Is	envoi	ent	ont	envoy é

	Imparfait - Hier		Plus-que-Parfait	
J	envoy	ais	avais	envoy é
T	envoy	ais	avais	envoy é
I	envoy	ait	avait	envoy é
N	envoy	ions	avions	envoy é
V	envoy	iez	aviez	envoy é
Is	envoy	aient	avaient	envoy é

	Futur - Demain		Futur Antérieur	
J	enverr	ai	aurai	envoy é
T	enverr	as	auras	envoy é
I	enverr	a	aura	envoy é
N	enverr	ons	aurons	envoy é
V	enverr	ez	aurez	envoy é
Is	enverr	ont	auront	envoy é

	Passé simple - Jadis, le roi et la reine		Passé Antérieur	
J	envoy	ai	eus	envoy é
T	envoy	as	eus	envoy é
I	envoy	a	eut	envoy é
N	envoy	âmes	eûmes	envoy é
V	envoy	âtes	eûtes	envoy é
Is	envoy	èrent	eurent	envoy é

ENVOYER

Conditionnel

	Présent - Si j'étais riche, je...	Passé
J	enverr **ais**	**aurais** envoy **é**
T	enverr **ais**	**aurais** envoy **é**
I	enverr **ait**	**aurait** envoy **é**
N	enverr **ions**	**aurions** envoy **é**
V	enverr **iez**	**auriez** envoy **é**
Is	enverr **aient**	**auraient** envoy **é**

Subjonctif

	Présent - Il faut que...	Passé
Que J	envoi **e**	**aie** envoy **é**
Que T	envoi **es**	**aies** envoy **é**
Qu' I	envoi **e**	**ait** envoy **é**
Que N	envoy **ions**	**ayons** envoy **é**
Que V	envoy **iez**	**ayez** envoy **é**
Qu' Is	envoi **ent**	**aient** envoy **é**

Impératif

	Présent - Donner un ordre !	Passé
T	envoi **e**	**aie** envoy **é**
N	envoy **ons**	**ayons** envoy **é**
V	envoy **ez**	**ayez** envoy **é**

Participe

	Présent - En...	Passé
	envoy **ant**	envoy **é**, **ayant** envoy **é**

ETRE

Indicatif

	Présent - Maintenant	Passé Composé
J	suis	ai été
T	es	as été
I	est	a été
N	sommes	avons été
V	êtes	avez été
Is	sont	ont été

	Imparfait - Hier	Plus-que-Parfait
J	ét ais	avais été
T	ét ais	avais été
I	ét ait	avait été
N	ét ions	avions été
V	ét iez	aviez été
Is	ét aient	avaient été

	Futur - Demain	Futur Antérieur
J	ser ai	aurai été
T	ser as	auras été
I	ser a	aura été
N	ser ons	aurons été
V	ser ez	aurez été
Is	ser ont	auront été

	Passé simple - Jadis, le roi et la reine	Passé Antérieur
J	fus	eus été
T	fus	eus été
I	fut	eut été
N	fûmes	eûmes été
V	fûtes	eûtes été
Is	furent	eurent été

ETRE

Conditionnel

	Présent - Si j'étais riche, je...	Passé
J	ser **ais**	**aurais** ét **é**
T	ser **ais**	**aurais** ét **é**
I	ser **ait**	**aurait** ét **é**
N	ser **ions**	**aurions** ét **é**
V	ser **iez**	**auriez** ét **é**
Is	ser **aient**	**auraient** ét **é**

Subjonctif

	Présent - Il faut que...	Passé
Que J	**sois**	**aie** ét **é**
Que T	**sois**	**aies** ét **é**
Qu' I	**soit**	**ait** ét **é**
Que N	**soyons**	**ayons** ét **é**
Que V	**soyez**	**ayez** ét **é**
Qu' Is	**soient**	**aient** ét **é**

Impératif

	Présent - Donner un ordre !	Passé
T	**sois**	**aie** ét **é**
N	**soyons**	**ayons** ét **é**
V	**soyez**	**ayez** ét **é**

Participe

	Présent - En...	Passé
	ét **ant**	ét **é**, **ayant** ét **é**

FABRIQUER

Indicatif

	Présent - Maintenant		Passé Composé	
J	fabriqu	e	ai	fabriqu é
T	fabriqu	es	as	fabriqu é
I	fabriqu	e	a	fabriqu é
N	fabriqu	ons	avons	fabriqu é
V	fabriqu	ez	avez	fabriqu é
Is	fabriqu	ent	ont	fabriqu é

	Imparfait - Hier		Plus-que-Parfait	
J	fabriqu	ais	avais	fabriqu é
T	fabriqu	ais	avais	fabriqu é
I	fabriqu	ait	avait	fabriqu é
N	fabriqu	ions	avions	fabriqu é
V	fabriqu	iez	aviez	fabriqu é
Is	fabriqu	aient	avaient	fabriqu é

	Futur - Demain		Futur Antérieur	
J	fabriquer	ai	aurai	fabriqu é
T	fabriquer	as	auras	fabriqu é
I	fabriquer	a	aura	fabriqu é
N	fabriquer	ons	aurons	fabriqu é
V	fabriquer	ez	aurez	fabriqu é
Is	fabriquer	ont	auront	fabriqu é

	Passé simple - Jadis, le roi et la reine		Passé Antérieur	
J	fabriqu	ai	eus	fabriqu é
T	fabriqu	as	eus	fabriqu é
I	fabriqu	a	eut	fabriqu é
N	fabriqu	âmes	eûmes	fabriqu é
V	fabriqu	âtes	eûtes	fabriqu é
Is	fabriqu	èrent	eurent	fabriqu é

FABRIQUER

Conditionnel

	Présent - Si j'étais riche, je...	Passé
J	fabriquer **ais**	**aurais** fabriqu **é**
T	fabriquer **ais**	**aurais** fabriqu **é**
I	fabriquer **ait**	**aurait** fabriqu **é**
N	fabriquer **ions**	**aurions** fabriqu **é**
V	fabriquer **iez**	**auriez** fabriqu **é**
Is	fabriquer **aient**	**auraient** fabriqu **é**

Subjonctif

	Présent - Il faut que...	Passé
Que J	fabriqu **e**	**aie** fabriqu **é**
Que T	fabriqu **es**	**aies** fabriqu **é**
Qu' I	fabriqu **e**	**ait** fabriqu **é**
Que N	fabriqu **ions**	**ayons** fabriqu **é**
Que V	fabriqu **iez**	**ayez** fabriqu **é**
Qu' Is	fabriqu **ent**	**aient** fabriqu **é**

Impératif

	Présent - Donner un ordre !	Passé
T	fabriqu **e**	**aie** fabriqu **é**
N	fabriqu **ons**	**ayons** fabriqu **é**
V	fabriqu **ez**	**ayez** fabriqu **é**

Participe

	Présent - En...	Passé
	fabriqu **ant**	fabriqu **é**, **ayant** fabriqu **é**

FAIRE

Indicatif

	Présent - Maintenant		Passé Composé	
J	fai	s	ai	fai t
T	fai	s	as	fai t
I	fai	t	a	fai t
N	fais	ons	avons	fai t
V	fai	tes	avez	fai t
Is	f	ont	ont	fai t

	Imparfait - Hier		Plus-que-Parfait	
J	fais	ais	avais	fai t
T	fais	ais	avais	fai t
I	fais	ait	avait	fai t
N	fais	ions	avions	fai t
V	fais	iez	aviez	fai t
Is	fais	aient	avaient	fai t

	Futur - Demain		Futur Antérieur	
J	fer	ai	aurai	fai t
T	fer	as	auras	fai t
I	fer	a	aura	fai t
N	fer	ons	aurons	fai t
V	fer	ez	aurez	fai t
Is	fer	ont	auront	fai t

	Passé simple - Jadis, le roi et la reine		Passé Antérieur	
J	f	is	eus	fai t
T	f	is	eus	fai t
I	f	it	eut	fai t
N	f	îmes	eûmes	fai t
V	f	îtes	eûtes	fai t
Is	f	irent	eurent	fai t

FAIRE

Conditionnel

	Présent – Si j'étais riche, je...	Passé
J	fer ais	aurais fai t
T	fer ais	aurais fai t
I	fer ait	aurait fai t
N	fer ions	aurions fai t
V	fer iez	auriez fai t
Is	fer aient	auraient fai t

Subjonctif

	Présent – Il faut que...	Passé
Que J	f asse	aie fai t
Que T	f asses	aies fai t
Qu' I	f asse	ait fai t
Que N	f assions	ayons fai t
Que V	f assiez	ayez fai t
Qu' Is	f assent	aient fai t

Impératif

	Présent – Donner un ordre !	Passé
T	fai s	aie fai t
N	fais ons	ayons fai t
V	fai tes	ayez fai t

Participe

	Présent – En...	Passé
	fais ant	fai t, ayant fai t

FINIR

Indicatif

	Présent - Maintenant	Passé Composé
J	fin **is**	**ai** fin **i**
T	fin **is**	**as** fin **i**
I	fin **it**	**a** fin **i**
N	fin **issons**	**avons** fin **i**
V	fin **issez**	**avez** fin **i**
Is	fin **issent**	**ont** fin **i**

	Imparfait - Hier	Plus-que-Parfait
J	finiss **ais**	**avais** fin **i**
T	finiss **ais**	**avais** fin **i**
I	finiss **ait**	**avait** fin **i**
N	finiss **ions**	**avions** fin **i**
V	finiss **iez**	**aviez** fin **i**
Is	finiss **aient**	**avaient** fin **i**

	Futur - Demain	Futur Antérieur
J	finir **ai**	**aurai** fin **i**
T	finir **as**	**auras** fin **i**
I	finir **a**	**aura** fin **i**
N	finir **ons**	**aurons** fin **i**
V	finir **ez**	**aurez** fin **i**
Is	finir **ont**	**auront** fin **i**

	Passé simple - Jadis, le roi et la reine	Passé Antérieur
J	fin **is**	**eus** fin **i**
T	fin **is**	**eus** fin **i**
I	fin **it**	**eut** fin **i**
N	fin **îmes**	**eûmes** fin **i**
V	fin **îtes**	**eûtes** fin **i**
Is	fin **irent**	**eurent** fin **i**

FINIR

Conditionnel

	Présent - Si j'étais riche, je...	Passé
J	finir **ais**	**aurais** fin **i**
T	finir **ais**	**aurais** fin **i**
I	finir **ait**	**aurait** fin **i**
N	finir **ions**	**aurions** fin **i**
V	finir **iez**	**auriez** fin **i**
Is	finir **aient**	**auraient** fin **i**

Subjonctif

	Présent - Il faut que...	Passé
Que J	finiss **e**	**aie** fin **i**
Que T	finiss **es**	**aies** fin **i**
Qu' I	finiss **e**	**ait** fin **i**
Que N	finiss **ions**	**ayons** fin **i**
Que V	finiss **iez**	**ayez** fin **i**
Qu' Is	finiss **ent**	**aient** fin **i**

Impératif

	Présent - Donner un ordre !	Passé
T	fin **is**	**aie** fin **i**
N	fin **issons**	**ayons** fin **i**
V	fin **issez**	**ayez** fin **i**

Participe

	Présent - En...	Passé
	finiss **ant**	fin **i**, **ayant** fin **i**

FLEURIR

Indicatif

	Présent - Maintenant	Passé Composé
J	fleur is	ai fleur i
T	fleur is	as fleur i
I	fleur it	a fleur i
N	fleur issons	avons fleur i
V	fleur issez	avez fleur i
Is	fleur issent	ont fleur i

	Imparfait - Hier	Plus-que-Parfait
J	fleuriss ais	avais fleur i
T	fleuriss ais	avais fleur i
I	fleuriss ait	avait fleur i
N	fleuriss ions	avions fleur i
V	fleuriss iez	aviez fleur i
Is	fleuriss aient	avaient fleur i

	Futur - Demain	Futur Antérieur
J	fleurir ai	aurai fleur i
T	fleurir as	auras fleur i
I	fleurir a	aura fleur i
N	fleurir ons	aurons fleur i
V	fleurir ez	aurez fleur i
Is	fleurir ont	auront fleur i

	Passé simple - Jadis, le roi et la reine	Passé Antérieur
J	fleur is	eus fleur i
T	fleur is	eus fleur i
I	fleur it	eut fleur i
N	fleur îmes	eûmes fleur i
V	fleur îtes	eûtes fleur i
Is	fleur irent	eurent fleur i

FLEURIR

Conditionnel

	Présent - Si j'étais riche, je...	**Passé**
J	fleurir **ais**	**aurais** fleur **i**
T	fleurir **ais**	**aurais** fleur **i**
I	fleurir **ait**	**aurait** fleur **i**
N	fleurir **ions**	**aurions** fleur **i**
V	fleurir **iez**	**auriez** fleur **i**
Is	fleurir **aient**	**auraient** fleur **i**

Subjonctif

	Présent - Il faut que...	**Passé**
Que J	fleuriss **e**	**aie** fleur **i**
Que T	fleuriss **es**	**aies** fleur **i**
Qu' I	fleuriss **e**	**ait** fleur **i**
Que N	fleuriss **ions**	**ayons** fleur **i**
Que V	fleuriss **iez**	**ayez** fleur **i**
Qu' Is	fleuriss **ent**	**aient** fleur **i**

Impératif

	Présent - Donner un ordre !	**Passé**
T	fleur **is**	**aie** fleur **i**
N	fleur **issons**	**ayons** fleur **i**
V	fleur **issez**	**ayez** fleur **i**

Participe

	Présent - En...	**Passé**
	fleuriss **ant**	fleur **i**, **ayant** fleur **i**

JETER

Indicatif

	Présent - Maintenant		Passé Composé	
J	jett	e	ai	jet é
T	jett	es	as	jet é
I	jett	e	a	jet é
N	jet	ons	avons	jet é
V	jet	ez	avez	jet é
Is	jett	ent	ont	jet é

	Imparfait - Hier		Plus-que-Parfait	
J	jet	ais	avais	jet é
T	jet	ais	avais	jet é
I	jet	ait	avait	jet é
N	jet	ions	avions	jet é
V	jet	iez	aviez	jet é
Is	jet	aient	avaient	jet é

	Futur - Demain		Futur Antérieur	
J	jetter	ai	aurai	jet é
T	jetter	as	auras	jet é
I	jetter	a	aura	jet é
N	jetter	ons	aurons	jet é
V	jetter	ez	aurez	jet é
Is	jetter	ont	auront	jet é

	Passé simple - Jadis, le roi et la reine		Passé Antérieur	
J	jet	ai	eus	jet é
T	jet	as	eus	jet é
I	jet	a	eut	jet é
N	jet	âmes	eûmes	jet é
V	jet	âtes	eûtes	jet é
Is	jet	èrent	eurent	jet é

JETER

Conditionnel

	Présent - Si j'étais riche, je...	Passé
J	jetter ais	aurais jet é
T	jetter ais	aurais jet é
I	jetter ait	aurait jet é
N	jetter ions	aurions jet é
V	jetter iez	auriez jet é
Is	jetter aient	auraient jet é

Subjonctif

	Présent - Il faut que...	Passé
Que J	jett e	aie jet é
Que T	jett es	aies jet é
Qu' I	jett e	ait jet é
Que N	jet ions	ayons jet é
Que V	jet iez	ayez jet é
Qu' Is	jett ent	aient jet é

Impératif

	Présent - Donner un ordre !	Passé
T	jett e	aie jet é
N	jet ons	ayons jet é
V	jet ez	ayez jet é

Participe

	Présent - En...	Passé
	jet ant	jet é, ayant jet é

JOINDRE

Indicatif

	Présent - Maintenant		Passé Composé	
J	join	s	ai	join t
T	join	s	as	join t
I	join	t	a	join t
N	joign	ons	avons	join t
V	joign	ez	avez	join t
Is	joign	ent	ont	join t

	Imparfait - Hier		Plus-que-Parfait	
J	joign	ais	avais	join t
T	joign	ais	avais	join t
I	joign	ait	avait	join t
N	joign	ions	avions	join t
V	joign	iez	aviez	join t
Is	joign	aient	avaient	join t

	Futur - Demain		Futur Antérieur	
J	joindr	ai	aurai	join t
T	joindr	as	auras	join t
I	joindr	a	aura	join t
N	joindr	ons	aurons	join t
V	joindr	ez	aurez	join t
Is	joindr	ont	auront	join t

	Passé simple - Jadis, le roi et la reine		Passé Antérieur	
J	joign	is	eus	join t
T	joign	is	eus	join t
I	joign	it	eut	join t
N	joign	îmes	eûmes	join t
V	joign	îtes	eûtes	join t
Is	joign	irent	eurent	join t

JOINDRE

Conditionnel

	Présent - Si j'étais riche, je...	Passé
J	joindr **ais**	**aurais** join **t**
T	joindr **ais**	**aurais** join **t**
I	joindr **ait**	**aurait** join **t**
N	joindr **ions**	**aurions** join **t**
V	joindr **iez**	**auriez** join **t**
Is	joindr **aient**	**auraient** join **t**

Subjonctif

	Présent - Il faut que...	Passé
Que J	joign **e**	**aie** join **t**
Que T	joign **es**	**aies** join **t**
Qu' I	joign **e**	**ait** join **t**
Que N	joign **ions**	**ayons** join **t**
Que V	joign **iez**	**ayez** join **t**
Qu' Is	joign **ent**	**aient** join **t**

Impératif

	Présent - Donner un ordre !	Passé
T	join **s**	**aie** join **t**
N	joign **ons**	**ayons** join **t**
V	joign **ez**	**ayez** join **t**

Participe

	Présent - En...	Passé
	joign **ant**	join **t**, **ayant** join **t**

JOUER

Indicatif

	Présent - Maintenant		Passé Composé	
J	jou	e	ai	jou é
T	jou	es	as	jou é
I	jou	e	a	jou é
N	jou	ons	avons	jou é
V	jou	ez	avez	jou é
Is	jou	ent	ont	jou é

	Imparfait - Hier		Plus-que-Parfait	
J	jou	ais	avais	jou é
T	jou	ais	avais	jou é
I	jou	ait	avait	jou é
N	jou	ions	avions	jou é
V	jou	iez	aviez	jou é
Is	jou	aient	avaient	jou é

	Futur - Demain		Futur Antérieur	
J	jouer	ai	aurai	jou é
T	jouer	as	auras	jou é
I	jouer	a	aura	jou é
N	jouer	ons	aurons	jou é
V	jouer	ez	aurez	jou é
Is	jouer	ont	auront	jou é

	Passé simple - Jadis, le roi et la reine		Passé Antérieur	
J	jou	ai	eus	jou é
T	jou	as	eus	jou é
I	jou	a	eut	jou é
N	jou	âmes	eûmes	jou é
V	jou	âtes	eûtes	jou é
Is	jou	èrent	eurent	jou é

JOUER

Conditionnel

	Présent – Si j'étais riche, je...	Passé
J	jouer ais	aurais jou é
T	jouer ais	aurais jou é
I	jouer ait	aurait jou é
N	jouer ions	aurions jou é
V	jouer iez	auriez jou é
Is	jouer aient	auraient jou é

Subjonctif

	Présent – Il faut que...	Passé
Que J	jou e	aie jou é
Que T	jou es	aies jou é
Qu' I	jou e	ait jou é
Que N	jou ions	ayons jou é
Que V	jou iez	ayez jou é
Qu' Is	jou ent	aient jou é

Impératif

	Présent – Donner un ordre !	Passé
T	jou e	aie jou é
N	jou ons	ayons jou é
V	jou ez	ayez jou é

Participe

	Présent – En...	Passé
	jou ant	jou é, ayant jou é

LIRE

Indicatif

	Présent - Maintenant		Passé Composé	
J	li	s	ai	lu
T	li	s	as	lu
I	li	t	a	lu
N	lis	ons	avons	lu
V	lis	ez	avez	lu
Is	lis	ent	ont	lu

	Imparfait - Hier		Plus-que-Parfait	
J	lis	ais	avais	lu
T	lis	ais	avais	lu
I	lis	ait	avait	lu
N	lis	ions	avions	lu
V	lis	iez	aviez	lu
Is	lis	aient	avaient	lu

	Futur - Demain		Futur Antérieur	
J	lir	ai	aurai	lu
T	lir	as	auras	lu
I	lir	a	aura	lu
N	lir	ons	aurons	lu
V	lir	ez	aurez	lu
Is	lir	ont	auront	lu

	Passé simple - Jadis, le roi et la reine		Passé Antérieur	
J	l	us	eus	lu
T	l	us	eus	lu
I	l	ut	eut	lu
N	l	ûmes	eûmes	lu
V	l	ûtes	eûtes	lu
Is	l	urent	eurent	lu

LIRE

Conditionnel

	Présent - Si j'étais riche, je...	Passé
J	lir ais	aurais l u
T	lir ais	aurais l u
I	lir ait	aurait l u
N	lir ions	aurions l u
V	lir iez	auriez l u
Is	lir aient	auraient l u

Subjonctif

	Présent - Il faut que...	Passé
Que J	lis e	aie l u
Que T	lis es	aies l u
Qu' I	lis e	ait l u
Que N	lis ions	ayons l u
Que V	lis iez	ayez l u
Qu' Is	lis ent	aient l u

Impératif

	Présent - Donner un ordre !	Passé
T	li s	aie l u
N	lis ons	ayons l u
V	lis ez	ayez l u

Participe

	Présent - En...	Passé
	lis ant	l u, ayant l u

MANGER

Indicatif

	Présent - Maintenant		Passé Composé	
J	mang	e	ai	mang é
T	mang	es	as	mang é
I	mang	e	a	mang é
N	mange	ons	avons	mang é
V	mang	ez	avez	mang é
Is	mang	ent	ont	mang é

	Imparfait - Hier		Plus-que-Parfait	
J	mange	ais	avais	mang é
T	mange	ais	avais	mang é
I	mange	ait	avait	mang é
N	mang	ions	avions	mang é
V	mang	iez	aviez	mang é
Is	mange	aient	avaient	mang é

	Futur - Demain		Futur Antérieur	
J	manger	ai	aurai	mang é
T	manger	as	auras	mang é
I	manger	a	aura	mang é
N	manger	ons	aurons	mang é
V	manger	ez	aurez	mang é
Is	manger	ont	auront	mang é

	Passé simple - Jadis, le roi et la reine		Passé Antérieur	
J	mange	ai	eus	mang é
T	mange	as	eus	mang é
I	mange	a	eut	mang é
N	mange	âmes	eûmes	mang é
V	mange	âtes	eûtes	mang é
Is	mang	èrent	eurent	mang é

MANGER

Conditionnel

	Présent – Si j'étais riche, je…	Passé
J	manger **ais**	**aurais** mang **é**
T	manger **ais**	**aurais** mang **é**
I	manger **ait**	**aurait** mang **é**
N	manger **ions**	**aurions** mang **é**
V	manger **iez**	**auriez** mang **é**
Is	manger **aient**	**auraient** mang **é**

Subjonctif

	Présent – Il faut que…	Passé
Que J	mang **e**	**aie** mang **é**
Que T	mang **es**	**aies** mang **é**
Qu' I	mang **e**	**ait** mang **é**
Que N	mang **ions**	**ayons** mang **é**
Que V	mang **iez**	**ayez** mang **é**
Qu' Is	mang **ent**	**aient** mang **é**

Impératif

	Présent – Donner un ordre !	Passé
T	mang **e**	**aie** mang **é**
N	mange **ons**	**ayons** mang **é**
V	mang **ez**	**ayez** mang **é**

Participe

	Présent – En…	Passé
	mange **ant**	mang **é**, **ayant** mang **é**

METTRE

Indicatif

	Présent - Maintenant		Passé Composé	
J	me	ts	ai	mi s
T	me	ts	as	mi s
I	me	t	a	mi s
N	mett	ons	avons	mi s
V	mett	ez	avez	mi s
Is	mett	ent	ont	mi s

	Imparfait - Hier		Plus-que-Parfait	
J	mett	ais	avais	mi s
T	mett	ais	avais	mi s
I	mett	ait	avait	mi s
N	mett	ions	avions	mi s
V	mett	iez	aviez	mi s
Is	mett	aient	avaient	mi s

	Futur - Demain		Futur Antérieur	
J	mettr	ai	aurai	mi s
T	mettr	as	auras	mi s
I	mettr	a	aura	mi s
N	mettr	ons	aurons	mi s
V	mettr	ez	aurez	mi s
Is	mettr	ont	auront	mi s

	Passé simple - Jadis, le roi et la reine		Passé Antérieur	
J	m	is	eus	mi s
T	m	is	eus	mi s
I	m	it	eut	mi s
N	m	îmes	eûmes	mi s
V	m	îtes	eûtes	mi s
Is	m	irent	eurent	mi s

METTRE

Conditionnel

	Présent - Si j'étais riche, je...	Passé
J	mettr **ais**	**aurais** mi **s**
T	mettr **ais**	**aurais** mi **s**
I	mettr **ait**	**aurait** mi **s**
N	mettr **ions**	**aurions** mi **s**
V	mettr **iez**	**auriez** mi **s**
Is	mettr **aient**	**auraient** mi **s**

Subjonctif

	Présent - Il faut que...	Passé
Que J	me**tt** **e**	**aie** mi **s**
Que T	me**tt** **es**	**aies** mi **s**
Qu' I	me**tt** **e**	**ait** mi **s**
Que N	me**tt** **ions**	**ayons** mi **s**
Que V	me**tt** **iez**	**ayez** mi **s**
Qu' Is	me**tt** **ent**	**aient** mi **s**

Impératif

	Présent - Donner un ordre !	Passé
T	me **ts**	**aie** mi **s**
N	me**tt** **ons**	**ayons** mi **s**
V	me**tt** **ez**	**ayez** mi **s**

Participe

	Présent - En...	Passé
	mett **ant**	mi **s**, **ayant** mi **s**

MOURIR

Indicatif

	Présent - Maintenant		Passé Composé	
J	meur	s	suis	mort(e)
T	meur	s	es	mort(e)
I	meur	t	est	mort
N	mour	ons	sommes	mort(e)s
V	mour	ez	êtes	mort(e)s
Is	meur	ent	sont	morts

	Imparfait - Hier		Plus-que-Parfait	
J	mour	ais	étais	mort(e)
T	mour	ais	étais	mort(e)
I	mour	ait	était	mort
N	mour	ions	étions	mort(e)s
V	mour	iez	étiez	mort(e)s
Is	mour	aient	étaient	morts

	Futur - Demain		Futur Antérieur	
J	mourr	ai	serai	mort(e)
T	mourr	as	seras	mort(e)
I	mourr	a	sera	mort
N	mourr	ons	serons	mort(e)s
V	mourr	ez	serez	mort(e)s
Is	mourr	ont	seront	morts

	Passé simple - Jadis, le roi et la reine		Passé Antérieur	
J	mour	us	fus	mort(e)
T	mour	us	fus	mort(e)
I	mour	ut	fut	mort
N	mour	ûmes	fûmes	mort(e)s
V	mour	ûtes	fûtes	mort(e)s
Is	mour	urent	furent	morts

MOURIR

Conditionnel

	Présent - Si j'étais riche, je...		Passé	
J	mourr	ais	serais	mort(e)
T	mourr	ais	serais	mort(e)
I	mourr	ait	serait	mort
N	mourr	ions	serions	mort(e)s
V	mourr	iez	seriez	mort(e)s
Is	mourr	aient	seraient	morts

Subjonctif

	Présent - Il faut que...		Passé	
Que J	meur	e	sois	mort(e)
Que T	meur	es	sois	mort(e)
Qu' I	meur	e	soit	mort
Que N	mour	ions	soyons	mort(e)s
Que V	mour	iez	soyez	mort(e)s
Qu' Is	meur	ent	soient	morts

Impératif

	Présent - Donner un ordre !		Passé	
T	meur	e	sois	mort(e)
N	mour	ons	soyons	mort(e)s
V	mour	ez	soyez	mort(e)s

Participe

	Présent - En...	Passé
	mour ant	mor t(e)(es), étant mor t(e)(es)

* Si on avait utilisé les pronoms personnels « elle » et « elles », on écrirait le participe passé respectivement « morte » et « mortes » à tous les temps composés

NAVIGUER

Indicatif

	Présent - Maintenant	Passé Composé
J	navigu e	ai navigu é
T	navigu es	as navigu é
I	navigu e	a navigu é
N	navigu ons	avons navigu é
V	navigu ez	avez navigu é
Is	navigu ent	ont navigu é

	Imparfait - Hier	Plus-que-Parfait
J	navigu ais	avais navigu é
T	navigu ais	avais navigu é
I	navigu ait	avait navigu é
N	navigu ions	avions navigu é
V	navigu iez	aviez navigu é
Is	navigu aient	avaient navigu é

	Futur - Demain	Futur Antérieur
J	naviguer ai	aurai navigu é
T	naviguer as	auras navigu é
I	naviguer a	aura navigu é
N	naviguer ons	aurons navigu é
V	naviguer ez	aurez navigu é
Is	naviguer ont	auront navigu é

	Passé simple - Jadis, le roi et la reine	Passé Antérieur
J	navigu ai	eus navigu é
T	navigu as	eus navigu é
I	navigu a	eut navigu é
N	navigu âmes	eûmes navigu é
V	navigu âtes	eûtes navigu é
Is	navigu èrent	eurent navigu é

NAVIGUER

Conditionnel

	Présent - Si j'étais riche, je...	Passé
J	naviguer **ais**	**aurais** navigu **é**
T	naviguer **ais**	**aurais** navigu **é**
I	naviguer **ait**	**aurait** navigu **é**
N	naviguer **ions**	**aurions** navigu **é**
V	naviguer **iez**	**auriez** navigu **é**
Is	naviguer **aient**	**auraient** navigu **é**

Subjonctif

	Présent - Il faut que...	Passé
Que J	navigu **e**	**aie** navigu **é**
Que T	navigu **es**	**aies** navigu **é**
Qu' I	navigu **e**	**ait** navigu **é**
Que N	navigu **ions**	**ayons** navigu **é**
Que V	navigu **iez**	**ayez** navigu **é**
Qu' Is	navigu **ent**	**aient** navigu **é**

Impératif

	Présent - Donner un ordre !	Passé
T	navigu **e**	**aie** navigu **é**
N	navigu **ons**	**ayons** navigu **é**
V	navigu **ez**	**ayez** navigu **é**

Participe

	Présent - En...	Passé
	navigu **ant**	navigu **é**, **ayant** navigu **é**

NOUER

Indicatif

	Présent - Maintenant	Passé Composé
J	nou e	ai nou é
T	nou es	as nou é
I	nou e	a nou é
N	nou ons	avons nou é
V	nou ez	avez nou é
Is	nou ent	ont nou é

	Imparfait - Hier	Plus-que-Parfait
J	nou ais	avais nou é
T	nou ais	avais nou é
I	nou ait	avait nou é
N	nou ions	avions nou é
V	nou iez	aviez nou é
Is	nou aient	avaient nou é

	Futur - Demain	Futur Antérieur
J	nouer ai	aurai nou é
T	nouer as	auras nou é
I	nouer a	aura nou é
N	nouer ons	aurons nou é
V	nouer ez	aurez nou é
Is	nouer ont	auront nou é

	Passé simple - Jadis, le roi et la reine	Passé Antérieur
J	nou ai	eus nou é
T	nou as	eus nou é
I	nou a	eut nou é
N	nou âmes	eûmes nou é
V	nou âtes	eûtes nou é
Is	nou èrent	eurent nou é

NOUER

Conditionnel

	Présent - Si j'étais riche, je...		Passé	
J	nouer	**ais**	**aurais**	nou **é**
T	nouer	**ais**	**aurais**	nou **é**
I	nouer	**ait**	**aurait**	nou **é**
N	nouer	**ions**	**aurions**	nou **é**
V	nouer	**iez**	**auriez**	nou **é**
Is	nouer	**aient**	**auraient**	nou **é**

Subjonctif

	Présent - Il faut que...		Passé	
Que J	nou	**e**	**aie**	nou **é**
Que T	nou	**es**	**aies**	nou **é**
Qu' I	nou	**e**	**ait**	nou **é**
Que N	nou	**ions**	**ayons**	nou **é**
Que V	nou	**iez**	**ayez**	nou **é**
Qu' Is	nou	**ent**	**aient**	nou **é**

Impératif

	Présent - Donner un ordre !		Passé	
T	nou	**e**	**aie**	nou **é**
N	nou	**ons**	**ayons**	nou **é**
V	nou	**ez**	**ayez**	nou **é**

Participe

	Présent - En...	Passé
	nou **ant**	nou **é**, **ayant** nou **é**

OFFRIR

Indicatif

	Présent - Maintenant	Passé Composé
J	offr **e**	**ai** offer**t**
T	offr **es**	**as** offer**t**
I	offr **e**	**a** offer**t**
N	offr **ons**	**avons** offer**t**
V	offr **ez**	**avez** offer**t**
Is	offr **ent**	**ont** offer**t**

	Imparfait - Hier	Plus-que-Parfait
J	offr **ais**	**avais** offer**t**
T	offr **ais**	**avais** offer**t**
I	offr **ait**	**avait** offer**t**
N	offr **ions**	**avions** offer**t**
V	offr **iez**	**aviez** offer**t**
Is	offr **aient**	**avaient** offer**t**

	Futur - Demain	Futur Antérieur
J	offrir **ai**	**aurai** offer**t**
T	offrir **as**	**auras** offer**t**
I	offrir **a**	**aura** offer**t**
N	offrir **ons**	**aurons** offer**t**
V	offrir **ez**	**aurez** offer**t**
Is	offrir **ont**	**auront** offer**t**

	Passé simple - Jadis, le roi et la reine	Passé Antérieur
J	offr **is**	**eus** offer**t**
T	offr **is**	**eus** offer**t**
I	offr **it**	**eut** offer**t**
N	offr **îmes**	**eûmes** offer**t**
V	offr **îtes**	**eûtes** offer**t**
Is	offr **irent**	**eurent** offer**t**

OFFRIR

Conditionnel

	Présent – Si j'étais riche, je...	Passé
J	offrir **ais**	**aurais** offer **t**
T	offrir **ais**	**aurais** offer **t**
I	offrir **ait**	**aurait** offer **t**
N	offrir **ions**	**aurions** offer **t**
V	offrir **iez**	**auriez** offer **t**
Is	offrir **aient**	**auraient** offer **t**

Subjonctif

	Présent – Il faut que...	Passé
Que J	offr **e**	**aie** offer **t**
Que T	offr **es**	**aies** offer **t**
Qu' I	offr **e**	**ait** offer **t**
Que N	offr **ions**	**ayons** offer **t**
Que V	offr **iez**	**ayez** offer **t**
Qu' Is	offr **ent**	**aient** offer **t**

Impératif

	Présent – Donner un ordre !	Passé
T	offr **e**	**aie** offer **t**
N	offr **ons**	**ayons** offer **t**
V	offr **ez**	**ayez** offer **t**

Participe

	Présent – En...	Passé
	offr **ant**	offer **t**, **ayant** offer **t**

OUBLIER

Indicatif

	Présent - Maintenant		Passé Composé	
J	oubli	e	ai	oubli é
T	oubli	es	as	oubli é
I	oubli	e	a	oubli é
N	oubli	ons	avons	oubli é
V	oubli	ez	avez	oubli é
Is	oubli	ent	ont	oubli é

	Imparfait - Hier		Plus-que-Parfait	
J	oubli	ais	avais	oubli é
T	oubli	ais	avais	oubli é
I	oubli	ait	avait	oubli é
N	oubli	ions	avions	oubli é
V	oubli	iez	aviez	oubli é
Is	oubli	aient	avaient	oubli é

	Futur - Demain		Futur Antérieur	
J	oublier	ai	aurai	oubli é
T	oublier	as	auras	oubli é
I	oublier	a	aura	oubli é
N	oublier	ons	aurons	oubli é
V	oublier	ez	aurez	oubli é
Is	oublier	ont	auront	oubli é

	Passé simple - Jadis, le roi et la reine		Passé Antérieur	
J	oubli	ai	eus	oubli é
T	oubli	as	eus	oubli é
I	oubli	a	eut	oubli é
N	oubli	âmes	eûmes	oubli é
V	oubli	âtes	eûtes	oubli é
Is	oubli	èrent	eurent	oubli é

OUBLIER

Conditionnel

	Présent - Si j'étais riche, je...		Passé	
J	oublier	ais	aurais	oubli é
T	oublier	ais	aurais	oubli é
I	oublier	ait	aurait	oubli é
N	oublier	ions	aurions	oubli é
V	oublier	iez	auriez	oubli é
Is	oublier	aient	auraient	oubli é

Subjonctif

	Présent - Il faut que...		Passé	
Que J	oubli	e	aie	oubli é
Que T	oubli	es	aies	oubli é
Qu' I	oubli	e	ait	oubli é
Que N	oubli	ions	ayons	oubli é
Que V	oubli	iez	ayez	oubli é
Qu' Is	oubli	ent	aient	oubli é

Impératif

	Présent - Donner un ordre !		Passé	
T	oubli	e	aie	oubli é
N	oubli	ons	ayons	oubli é
V	oubli	ez	ayez	oubli é

Participe

	Présent - En...	Passé
	oubli **ant**	oubli **é**, **ayant** oubli **é**

PARTIR

Indicatif

	Présent - Maintenant		Passé Composé	
J	par	s	suis	parti(e)
T	par	s	es	parti(e)
I	par	t	est	part i
N	part	ons	sommes	part i(e)s
V	part	ez	êtes	part i(e)s
Is	part	ent	sont	part is

	Imparfait - Hier		Plus-que-Parfait	
J	part	ais	étais	parti(e)
T	part	ais	étais	parti(e)
I	part	ait	était	part i
N	part	ions	étions	part i(e)s
V	part	iez	étiez	part i(e)s
Is	part	aient	étaient	part is

	Futur - Demain		Futur Antérieur	
J	partir	ai	serai	parti(e)
T	partir	as	seras	parti(e)
I	partir	a	sera	part i
N	partir	ons	serons	part i(e)s
V	partir	ez	serez	part i(e)s
Is	partir	ont	seront	part is

	Passé simple - Jadis, le roi et la reine		Passé Antérieur	
J	part	is	fus	parti(e)
T	part	is	fus	parti(e)
I	part	it	fut	part i
N	part	îmes	fûmes	part i(e)s
V	part	îtes	fûtes	part i(e)s
Is	part	irent	furent	part is

PARTIR

Conditionnel

	Présent – Si j'étais riche, je…	Passé
J	partir **ais**	**serais** part**i(e)**
T	partir **ais**	**serais** part**i(e)**
I	partir **ait**	**serait** part **i**
N	partir **ions**	**serions** part **i(e)s**
V	partir **iez**	**seriez** part **i(e)s**
Is	partir **aient**	**seraient** part **is**

Subjonctif

	Présent – Il faut que…	Passé
Que J	part **e**	**sois** part**i(e)**
Que T	part **es**	**sois** part**i(e)**
Qu' I	part **e**	**soit** part **i**
Que N	part **ions**	**soyons** part **i(e)s**
Que V	part **iez**	**soyez** part **i(e)s**
Qu' Is	part **ent**	**soient** part **is**

Impératif

	Présent – Donner un ordre !	Passé
T	par **s**	**sois** part**i(e)**
N	part **ons**	**soyons** part **i(e)s**
V	part **ez**	**soyez** part **i(e)s**

Participe

	Présent – En…	Passé
	part **ant**	part **i**, **étant** part **i**

* Si on avait utilisé les pronoms personnels « elle » et « elles », on écrirait le participe passé respectivement « partie » et « parties » à tous les temps composés

PAYER

Indicatif

	Présent - Maintenant		Passé Composé	
J	pai	e	ai	pay é
T	pai	es	as	pay é
I	pai	e	a	pay é
N	pay	ons	avons	pay é
V	pay	ez	avez	pay é
Is	pai	ent	ont	pay é

	Imparfait - Hier		Plus-que-Parfait	
J	pay	ais	avais	pay é
T	pay	ais	avais	pay é
I	pay	ait	avait	pay é
N	pay	ions	avions	pay é
V	pay	iez	aviez	pay é
Is	pay	aient	avaient	pay é

	Futur - Demain		Futur Antérieur	
J	paier	ai	aurai	pay é
T	paier	as	auras	pay é
I	paier	a	aura	pay é
N	paier	ons	aurons	pay é
V	paier	ez	aurez	pay é
Is	paier	ont	auront	pay é

	Passé simple - Jadis, le roi et la reine		Passé Antérieur	
J	pay	ai	eus	pay é
T	pay	as	eus	pay é
I	pay	a	eut	pay é
N	pay	âmes	eûmes	pay é
V	pay	âtes	eûtes	pay é
Is	pay	èrent	eurent	pay é

PAYER

Conditionnel

	Présent - Si j'étais riche, je...	Passé
J	paier ais	aurais pay é
T	paier ais	aurais pay é
I	paier ait	aurait pay é
N	paier ions	aurions pay é
V	paier iez	auriez pay é
Is	paier aient	auraient pay é

Subjonctif

	Présent - Il faut que...	Passé
Que J	pai e	aie pay é
Que T	pai es	aies pay é
Qu' I	pai e	ait pay é
Que N	pay ions	ayons pay é
Que V	pay iez	ayez pay é
Qu' Is	pay ent	aient pay é

Impératif

	Présent - Donner un ordre !	Passé
T	pai e	aie pay é
N	pay ons	ayons pay é
V	pay ez	ayez pay é

Participe

	Présent - En...	Passé
	pay ant	pay é, ayant pay é

PEINDRE

Indicatif

	Présent - Maintenant		Passé Composé	
J	pein	s	ai	pein t
T	pein	s	as	pein t
I	pein	t	a	pein t
N	peign	ons	avons	pein t
V	peign	ez	avez	pein t
Is	peign	ent	ont	pein t

	Imparfait - Hier		Plus-que-Parfait	
J	peign	ais	avais	pein t
T	peign	ais	avais	pein t
I	peign	ait	avait	pein t
N	peign	ions	avions	pein t
V	peign	iez	aviez	pein t
Is	peign	aient	avaient	pein t

	Futur - Demain		Futur Antérieur	
J	peindr	ai	aurai	pein t
T	peindr	as	auras	pein t
I	peindr	a	aura	pein t
N	peindr	ons	aurons	pein t
V	peindr	ez	aurez	pein t
Is	peindr	ont	auront	pein t

	Passé simple - Jadis, le roi et la reine		Passé Antérieur	
J	peign	is	eus	pein t
T	peign	is	eus	pein t
I	peign	it	eut	pein t
N	peign	îmes	eûmes	pein t
V	peign	îtes	eûtes	pein t
Is	peign	irent	eurent	pein t

PEINDRE

Conditionnel

	Présent - Si j'étais riche, je...	Passé
J	peindr **ais**	**aurais** pein **t**
T	peindr **ais**	**aurais** pein **t**
I	peindr **ait**	**aurait** pein **t**
N	peindr **ions**	**aurions** pein **t**
V	peindr **iez**	**auriez** pein **t**
Is	peindr **aient**	**auraient** pein **t**

Subjonctif

	Présent - Il faut que...	Passé
Que J	peign **e**	**aie** pein **t**
Que T	peign **es**	**aies** pein **t**
Qu' I	peign **e**	**ait** pein **t**
Que N	peign **ions**	**ayons** pein **t**
Que V	peign **iez**	**ayez** pein **t**
Qu' Is	peign **ent**	**aient** pein **t**

Impératif

	Présent - Donner un ordre !	Passé
T	pein **s**	**aie** pein **t**
N	peign **ons**	**ayons** pein **t**
V	peign **ez**	**ayez** pein **t**

Participe

	Présent - En...	Passé
	peign **ant**	pein **t**, **ayant** pein **t**

POUVOIR

Indicatif

	Présent - Maintenant		Passé Composé	
J	peu	x	ai	p u
T	peu	x	as	p u
I	peu	t	a	p u
N	pouv	ons	avons	p u
V	pouv	ez	avez	p u
Is	peuv	ent	ont	p u

	Imparfait - Hier		Plus-que-Parfait	
J	pouv	ais	avais	p u
T	pouv	ais	avais	p u
I	pouv	ait	avait	p u
N	pouv	ions	avions	p u
V	pouv	iez	aviez	p u
Is	pouv	aient	avaient	p u

	Futur - Demain		Futur Antérieur	
J	pourr	ai	aurai	p u
T	pourr	as	auras	p u
I	pourr	a	aura	p u
N	pourr	ons	aurons	p u
V	pourr	ez	aurez	p u
Is	pourr	ont	auront	p u

	Passé simple - Jadis, le roi et la reine		Passé Antérieur	
J	p	us	eus	p u
T	p	us	eus	p u
I	p	ut	eut	p u
N	p	ûmes	eûmes	p u
V	p	ûtes	eûtes	p u
Is	p	urent	eurent	p u

POUVOIR

Conditionnel

	Présent – Si j'étais riche, je...	Passé
J	pourr ais	aurais p u
T	pourr ais	aurais p u
I	pourr ait	aurait p u
N	pourr ions	aurions p u
V	pourr iez	auriez p u
Is	pourr aient	auraient p u

Subjonctif

	Présent – Il faut que...	Passé
Que J	pu isse	aie p u
Que T	pu isses	aies p u
Qu' I	pu isse	ait p u
Que N	pu issions	ayons p u
Que V	pu issiez	ayez p u
Qu' Is	pu issent	aient p u

Impératif

	Présent – Donner un ordre !	Passé
T	-	-
N	-	-
V	-	-

Participe

	Présent – En...	Passé
	pouv ant	p u, ayant p u

PRENDRE

Indicatif

	Présent - Maintenant		Passé Composé	
J	pren	ds	ai	pri s
T	pren	ds	as	pri s
I	pren	d	a	pri s
N	pren	ons	avons	pri s
V	pren	ez	avez	pri s
Is	prenn	ent	ont	pri s

	Imparfait - Hier		Plus-que-Parfait	
J	pren	ais	avais	pri s
T	pren	ais	avais	pri s
I	pren	ait	avait	pri s
N	pren	ions	avions	pri s
V	pren	iez	aviez	pri s
Is	pren	aient	avaient	pri s

	Futur - Demain		Futur Antérieur	
J	prendr	ai	aurai	pri s
T	prendr	as	auras	pri s
I	prendr	a	aura	pri s
N	prendr	ons	aurons	pri s
V	prendr	ez	aurez	pri s
Is	prendr	ont	auront	pri s

	Passé simple - Jadis, le roi et la reine		Passé Antérieur	
J	pr	is	eus	pri s
T	pr	is	eus	pri s
I	pr	it	eut	pri s
N	pr	îmes	eûmes	pri s
V	pr	îtes	eûtes	pri s
Is	pr	irent	eurent	pri s

PRENDRE

Conditionnel

	Présent - Si j'étais riche, je...	Passé
J	prendr **ais**	**aurais** pri **s**
T	prendr **ais**	**aurais** pri **s**
I	prendr **ait**	**aurait** pri **s**
N	prendr **ions**	**aurions** pri **s**
V	prendr **iez**	**auriez** pri **s**
Is	prendr **aient**	**auraient** pri **s**

Subjonctif

	Présent - Il faut que...	Passé
Que J	pren**n** **e**	**aie** pri **s**
Que T	pren**n** **es**	**aies** pri **s**
Qu' I	pren**n** **e**	**ait** pri **s**
Que N	pren **ions**	**ayons** pri **s**
Que V	pren **iez**	**ayez** pri **s**
Qu' Is	pren**n** **ent**	**aient** pri **s**

Impératif

	Présent - Donner un ordre !	Passé
T	pren **ds**	**aie** pri **s**
N	pren **ons**	**ayons** pri **s**
V	pren **ez**	**ayez** pri **s**

Participe

	Présent - En...	Passé
	pren **ant**	pri **s**, **ayant** pri **s**

RECEVOIR

Indicatif

	Présent - Maintenant		Passé Composé	
J	reçoi	s	ai	reç u
T	reçoi	s	as	reç u
I	reçoi	t	a	reç u
N	recev	ons	avons	reç u
V	recev	ez	avez	reç u
Is	reçoiv	ent	ont	reç u

	Imparfait - Hier		Plus-que-Parfait	
J	recev	ais	avais	reç u
T	recev	ais	avais	reç u
I	recev	ait	avait	reç u
N	recev	ions	avions	reç u
V	recev	iez	aviez	reç u
Is	recev	aient	avaient	reç u

	Futur - Demain		Futur Antérieur	
J	recevr	ai	aurai	reç u
T	recevr	as	auras	reç u
I	recevr	a	aura	reç u
N	recevr	ons	aurons	reç u
V	recevr	ez	aurez	reç u
Is	recevr	ont	auront	reç u

	Passé simple - Jadis, le roi et la reine		Passé Antérieur	
J	reç	us	eus	reç u
T	reç	us	eus	reç u
I	reç	ut	eut	reç u
N	reç	ûmes	eûmes	reç u
V	reç	ûtes	eûtes	reç u
Is	reç	urent	eurent	reç u

RECEVOIR

Conditionnel

	Présent - Si j'étais riche, je...	Passé
J	recevr ais	aurais reç u
T	recevr ais	aurais reç u
I	recevr ait	aurait reç u
N	recevr ions	aurions reç u
V	recevr iez	auriez reç u
Is	recevr aient	auraient reç u

Subjonctif

	Présent - Il faut que...	Passé
Que J	reç oive	aie reç u
Que T	reç oives	aies reç u
Qu' I	reç oive	ait reç u
Que N	recev ions	ayons reç u
Que V	recev iez	ayez reç u
Qu' Is	reç oivent	aient reç u

Impératif

	Présent - Donner un ordre !	Passé
T	reçoi s	aie reç u
N	recev ons	ayons reç u
V	recev ez	ayez reç u

Participe

	Présent - En...	Passé
	recev **ant**	reç **u**, **ayant** reç **u**

RESOUDRE

Indicatif

	Présent - Maintenant		Passé Composé	
J	résou	s	ai	résol u
T	résou	s	as	résol u
I	résou	t	a	résol u
N	résolv	ons	avons	résol u
V	résolv	ez	avez	résol u
Is	résolv	ent	ont	résol u

	Imparfait - Hier		Plus-que-Parfait	
J	résolv	ais	avais	résol u
T	résolv	ais	avais	résol u
I	résolv	ait	avait	résol u
N	résolv	ions	avions	résol u
V	résolv	iez	aviez	résol u
Is	résolv	aient	avaient	résol u

	Futur - Demain		Futur Antérieur	
J	résoudr	ai	aurai	résol u
T	résoudr	as	auras	résol u
I	résoudr	a	aura	résol u
N	résoudr	ons	aurons	résol u
V	résoudr	ez	aurez	résol u
Is	résoudr	ont	auront	résol u

	Passé simple - Jadis, le roi et la reine		Passé Antérieur	
J	résol	us	eus	résol u
T	résol	us	eus	résol u
I	résol	ut	eut	résol u
N	résol	ûmes	eûmes	résol u
V	résol	ûtes	eûtes	résol u
Is	résol	urent	eurent	résol u

RESOUDRE

Conditionnel

	Présent – Si j'étais riche, je…	Passé
J	résoudr **ais**	**aurais** résol **u**
T	résoudr **ais**	**aurais** résol **u**
I	résoudr **ait**	**aurait** résol **u**
N	résoudr **ions**	**aurions** résol **u**
V	résoudr **iez**	**auriez** résol **u**
Is	résoudr **aient**	**auraient** résol **u**

Subjonctif

	Présent – Il faut que…	Passé
Que J	résolv **e**	**aie** résol **u**
Que T	résolv **es**	**aies** résol **u**
Qu' I	résolv **e**	**ait** résol **u**
Que N	résolv **ions**	**ayons** résol **u**
Que V	résolv **iez**	**ayez** résol **u**
Qu' Is	résolv **ent**	**aient** résol **u**

Impératif

	Présent – Donner un ordre !	Passé
T	résou **s**	**aie** résol **u**
N	résolv **ons**	**ayons** résol **u**
V	résolv **ez**	**ayez** résol **u**

Participe

	Présent – En…	Passé
	résolv **ant**	résol **u**, **ayant** résol **u**

RINCER

Indicatif

	Présent - Maintenant	Passé Composé
J	rinc e	ai rinc é
T	rinc es	as rinc é
I	rinc e	a rinc é
N	rinç ons	avons rinc é
V	rinc ez	avez rinc é
Is	rinc ent	ont rinc é

	Imparfait - Hier	Plus-que-Parfait
J	rinç ais	avais rinc é
T	rinç ais	avais rinc é
I	rinç ait	avait rinc é
N	rinc ions	avions rinc é
V	rinc iez	aviez rinc é
Is	rinç aient	avaient rinc é

	Futur - Demain	Futur Antérieur
J	rincer ai	aurai rinc é
T	rincer as	auras rinc é
I	rincer a	aura rinc é
N	rincer ons	aurons rinc é
V	rincer ez	aurez rinc é
Is	rincer ont	auront rinc é

	Passé simple - Jadis, le roi et la reine	Passé Antérieur
J	rinç ai	eus rinc é
T	rinç as	eus rinc é
I	rinç a	eut rinc é
N	rinç âmes	eûmes rinc é
V	rinç âtes	eûtes rinc é
Is	rinc èrent	eurent rinc é

RINCER

Conditionnel

	Présent - Si j'étais riche, je...	Passé
J	rincer **ais**	**aurais** rinc **é**
T	rincer **ais**	**aurais** rinc **é**
I	rincer **ait**	**aurait** rinc **é**
N	rincer **ions**	**aurions** rinc **é**
V	rincer **iez**	**auriez** rinc **é**
Is	rincer **aient**	**auraient** rinc **é**

Subjonctif

	Présent - Il faut que...	Passé
Que J	rinc **e**	**aie** rinc **é**
Que T	rinc **es**	**aies** rinc **é**
Qu' I	rinc **e**	**ait** rinc **é**
Que N	rinc **ions**	**ayons** rinc **é**
Que V	rinc **iez**	**ayez** rinc **é**
Qu' Is	rinc **ent**	**aient** rinc **é**

Impératif

	Présent - Donner un ordre !	Passé
T	rinc **e**	**aie** rinc **é**
N	rinç **ons**	**ayons** rinc **é**
V	rinc **ez**	**ayez** rinc **é**

Participe

	Présent - En...	Passé
	rinç **ant**	rinc **é**, **ayant** rinc **é**

RIRE

Indicatif

	Présent - Maintenant	Passé Composé
J	ri s	ai r i
T	ri s	as r i
I	ri t	a r i
N	ri ons	avons r i
V	ri ez	avez r i
Is	ri ent	ont r i

	Imparfait - Hier	Plus-que-Parfait
J	ri ais	avais r i
T	ri ais	avais r i
I	ri ait	avait r i
N	ri ions	avions r i
V	ri iez	aviez r i
Is	ri aient	avaient r i

	Futur - Demain	Futur Antérieur
J	rir ai	aurai r i
T	rir as	auras r i
I	rir a	aura r i
N	rir ons	aurons r i
V	rir ez	aurez r i
Is	rir ont	auront r i

	Passé simple - Jadis, le roi et la reine	Passé Antérieur
J	r is	eus r i
T	r is	eus r i
I	r it	eut r i
N	r îmes	eûmes r i
V	r îtes	eûtes r i
Is	r irent	eurent r i

RIRE

Conditionnel

	Présent - Si j'étais riche, je...	Passé
J	rir ais	aurais r i
T	rir ais	aurais r i
I	rir ait	aurait r i
N	rir ions	aurions r i
V	rir iez	auriez r i
Is	rir aient	auraient r i

Subjonctif

	Présent - Il faut que...	Passé
Que J	ri e	aie r i
Que T	ri es	aies r i
Qu' I	ri e	ait r i
Que N	ri ions	ayons r i
Que V	ri iez	ayez r i
Qu' Is	ri ent	aient r i

Impératif

	Présent - Donner un ordre !	Passé
T	ri s	aie r i
N	ri ons	ayons r i
V	ri ez	ayez r i

Participe

	Présent - En...	Passé
	ri ant	r i, ayant r i

ROMPRE

Indicatif

	Présent - Maintenant		Passé Composé	
J	rom	ps	ai	romp u
T	rom	ps	as	romp u
I	rom	pt	a	romp u
N	romp	ons	avons	romp u
V	romp	ez	avez	romp u
Is	romp	ent	ont	romp u

	Imparfait - Hier		Plus-que-Parfait	
J	romp	ais	avais	romp u
T	romp	ais	avais	romp u
I	romp	ait	avait	romp u
N	romp	ions	avions	romp u
V	romp	iez	aviez	romp u
Is	romp	aient	avaient	romp u

	Futur - Demain		Futur Antérieur	
J	rompr	ai	aurai	romp u
T	rompr	as	auras	romp u
I	rompr	a	aura	romp u
N	rompr	ons	aurons	romp u
V	rompr	ez	aurez	romp u
Is	rompr	ont	auront	romp u

	Passé simple - Jadis, le roi et la reine		Passé Antérieur	
J	romp	is	eus	romp u
T	romp	is	eus	romp u
I	romp	it	eut	romp u
N	romp	îmes	eûmes	romp u
V	romp	îtes	eûtes	romp u
Is	romp	irent	eurent	romp u

ROMPRE

Conditionnel

	Présent - Si j'étais riche, je...	Passé
J	rompr **ais**	**aurais** romp **u**
T	rompr **ais**	**aurais** romp **u**
I	rompr **ait**	**aurait** romp **u**
N	rompr **ions**	**aurions** romp **u**
V	rompr **iez**	**auriez** romp **u**
Is	rompr **aient**	**auraient** romp **u**

Subjonctif

	Présent - Il faut que...	Passé
Que J	romp **e**	**aie** romp **u**
Que T	romp **es**	**aies** romp **u**
Qu' I	romp **e**	**ait** romp **u**
Que N	romp **ions**	**ayons** romp **u**
Que V	romp **iez**	**ayez** romp **u**
Qu' Is	romp **ent**	**aient** romp **u**

Impératif

	Présent - Donner un ordre !	Passé
T	rom **ps**	**aie** romp **u**
N	romp **ons**	**ayons** romp **u**
V	romp **ez**	**ayez** romp **u**

Participe

	Présent - En...	Passé
	romp **ant**	romp **u**, **ayant** romp **u**

SENTIR

Indicatif

	Présent - Maintenant		Passé Composé	
J	sen	s	ai	sent i
T	sen	s	as	sent i
I	sen	t	a	sent i
N	sent	ons	avons	sent i
V	sent	ez	avez	sent i
Is	sent	ent	ont	sent i

	Imparfait - Hier		Plus-que-Parfait	
J	sent	ais	avais	sent i
T	sent	ais	avais	sent i
I	sent	ait	avait	sent i
N	sent	ions	avions	sent i
V	sent	iez	aviez	sent i
Is	sent	aient	avaient	sent i

	Futur - Demain		Futur Antérieur	
J	sentir	ai	aurai	sent i
T	sentir	as	auras	sent i
I	sentir	a	aura	sent i
N	sentir	ons	aurons	sent i
V	sentir	ez	aurez	sent i
Is	sentir	ont	auront	sent i

	Passé simple - Jadis, le roi et la reine		Passé Antérieur	
J	sent	is	eus	sent i
T	sent	is	eus	sent i
I	sent	it	eut	sent i
N	sent	îmes	eûmes	sent i
V	sent	îtes	eûtes	sent i
Is	sent	irent	eurent	sent i

SENTIR

Conditionnel

	Présent - Si j'étais riche, je...	Passé
J	sentir **ais**	**aurais** sent **i**
T	sentir **ais**	**aurais** sent **i**
I	sentir **ait**	**aurait** sent **i**
N	sentir **ions**	**aurions** sent **i**
V	sentir **iez**	**auriez** sent **i**
Is	sentir **aient**	**auraient** sent **i**

Subjonctif

	Présent - Il faut que...	Passé
Que J	sent **e**	**aie** sent **i**
Que T	sent **es**	**aies** sent **i**
Qu' I	sent **e**	**ait** sent **i**
Que N	sent **ions**	**ayons** sent **i**
Que V	sent **iez**	**ayez** sent **i**
Qu' Is	sent **ent**	**aient** sent **i**

Impératif

	Présent - Donner un ordre !	Passé
T	sen **s**	**aie** sent **i**
N	sent **ons**	**ayons** sent **i**
V	sent **ez**	**ayez** sent **i**

Participe

	Présent - En...	Passé
	sent **ant**	sent **i**, **ayant** sent **i**

SORTIR

Indicatif

	Présent - Maintenant		Passé Composé	
J	sor	s	suis	sorti(e)
T	sor	s	es	sorti(e)
I	sor	t	est	sort i
N	sort	ons	sommes	sorti(e)s
V	sort	ez	êtes	sorti(e)s
Is	sort	ent	sont	sort is

	Imparfait - Hier		Plus-que-Parfait	
J	sort	ais	étais	sorti(e)
T	sort	ais	étais	sorti(e)
I	sort	ait	était	sort i
N	sort	ions	étions	sorti(e)s
V	sort	iez	étiez	sorti(e)s
Is	sort	aient	étaient	sort is

	Futur - Demain		Futur Antérieur	
J	sortir	ai	serai	sorti(e)
T	sortir	as	seras	sorti(e)
I	sortir	a	sera	sort i
N	sortir	ons	serons	sorti(e)s
V	sortir	ez	serez	sorti(e)s
Is	sortir	ont	seront	sort is

	Passé simple - Jadis, le roi et la reine		Passé Antérieur	
J	sort	is	fus	sorti(e)
T	sort	is	fus	sorti(e)
I	sort	it	fut	sort i
N	sort	îmes	fûmes	sorti(e)s
V	sort	îtent	fûtes	sorti(e)s
Is	sort	irent	furent	sort is

SORTIR

Conditionnel

	Présent - Si j'étais riche, je...	Passé
J	sortir **ais**	**serais** sorti**(e)**
T	sortir **ais**	**serais** sorti**(e)**
I	sortir **ait**	**serait** sort **i**
N	sortir **ions**	**serions** sorti**(e)s**
V	sortir **iez**	**seriez** sorti**(e)s**
Is	sortir **aient**	**seraient** sort **is**

Subjonctif

	Présent - Il faut que...	Passé
Que J	sort **e**	**sois** sorti**(e)**
Que T	sort **es**	**sois** sorti**(e)**
Qu' I	sort **e**	**soit** sort **i**
Que N	sort **ions**	**soyons** sorti**(e)s**
Que V	sort **iez**	**soyez** sorti**(e)s**
Qu' Is	sort **ent**	**soient** sort **is**

Impératif

	Présent - Donner un ordre !	Passé
T	sor **s**	**sois** sorti**(e)**
N	sort **ons**	**soyons** sorti**(e)s**
V	sort **ez**	**soyez** sorti**(e)s**

Participe

	Présent - En...	Passé
	sort **ant**	sort **i(e)(es)**, **étant** sort **i(e)(es)**

* Si on avait utilisé les pronoms personnels « elle » et « elles », on écrirait le participe passé respectivement « sortie » et « sorties » à tous les temps composés

TENIR

Indicatif

	Présent - Maintenant		Passé Composé	
J	tien	s	ai	ten u
T	tien	s	as	ten u
I	tien	t	a	ten u
N	ten	ons	avons	ten u
V	ten	ez	avez	ten u
Is	tienn	ent	ont	ten u

	Imparfait - Hier		Plus-que-Parfait	
J	ten	ais	avais	ten u
T	ten	ais	avais	ten u
I	ten	ait	avait	ten u
N	ten	ions	avions	ten u
V	ten	iez	aviez	ten u
Is	ten	aient	avaient	ten u

	Futur - Demain		Futur Antérieur	
J	tiendr	ai	aurai	ten u
T	tiendr	as	auras	ten u
I	tiendr	a	aura	ten u
N	tiendr	ons	aurons	ten u
V	tiendr	ez	aurez	ten u
Is	tiendr	ont	auront	ten u

	Passé simple - Jadis, le roi et la reine		Passé Antérieur	
J	tin	s	eus	ten u
T	tin	s	eus	ten u
I	tin	t	eut	ten u
N	tîn	mes	eûmes	ten u
V	tîn	tes	eûtes	ten u
Is	tin	rent	eurent	ten u

TENIR

Conditionnel

	Présent – Si j'étais riche, je…	Passé
J	tiendr **ais**	**aurais** ten **u**
T	tiendr **ais**	**aurais** ten **u**
I	tiendr **ait**	**aurait** ten **u**
N	tiendr **ions**	**aurions** ten **u**
V	tiendr **iez**	**auriez** ten **u**
Is	tiendr **aient**	**auraient** ten **u**

Subjonctif

	Présent – Il faut que…	Passé
Que J	tienn **e**	**aie** ten **u**
Que T	tienn **es**	**aies** ten **u**
Qu' I	tienn **e**	**ait** ten **u**
Que N	ten **ions**	**ayons** ten **u**
Que V	ten **iez**	**ayez** ten **u**
Qu' Is	tienn **ent**	**aient** ten **u**

Impératif

	Présent – Donner un ordre !	Passé
T	tien **s**	**aie** ten **u**
N	ten **ons**	**ayons** ten **u**
V	ten **ez**	**ayez** ten **u**

Participe

	Présent – En…	Passé
	ten **ant**	ten **u**, **ayant** ten **u**

VENIR

Indicatif

	Présent - Maintenant		Passé Composé	
J	vien	s	suis	ven u(e)
T	vien	s	es	ven u(e)
I	vien	t	est	ven u
N	ven	ons	sommes	ven u(e)s
V	ven	ez	êtes	ven u(e)s
Is	vienn	ent	sont	ven us

	Imparfait - Hier		Plus-que-Parfait	
J	ven	ais	étais	ven u(e)
T	ven	ais	étais	ven u(e)
I	ven	ait	était	ven u
N	ven	ions	étions	ven u(e)s
V	ven	iez	étiez	ven u(e)s
Is	ven	aient	étaient	ven us

	Futur - Demain		Futur Antérieur	
J	viendr	ai	serai	ven u(e)
T	viendr	as	seras	ven u(e)
I	viendr	a	sera	ven u
N	viendr	ons	serons	ven u(e)s
V	viendr	ez	serez	ven u(e)s
Is	viendr	ont	seront	ven us

	Passé simple - Jadis, le roi et la reine		Passé Antérieur	
J	vin	s	fus	ven u(e)
T	vin	s	fus	ven u(e)
I	vin	t	fut	ven u
N	v	înmes	fûmes	ven u(e)s
V	v	întes	fûtes	ven u(e)s
Is	v	inrent	furent	ven us

VENIR

Conditionnel

	Présent - Si j'étais riche, je…	Passé
J	viendr **ais**	**serais** ven **u(e)**
T	viendr **ais**	**serais** ven **u(e)**
I	viendr **ait**	**serait** ven **u**
N	viendr **ions**	**serions** ven **u(e)s**
V	viendr **iez**	**seriez** ven **u(e)s**
Is	viendr **aient**	**seraient** ven **us**

Subjonctif

	Présent - Il faut que…	Passé
Que J	vienn **e**	**sois** ven **u(e)**
Que T	vienn **es**	**sois** ven **u(e)**
Qu' I	vienn **e**	**soit** ven **u**
Que N	ven **ions**	**soyons** ven **u(e)s**
Que V	ven **iez**	**soyez** ven **u(e)s**
Qu' Is	vienn **ent**	**soient** ven **us**

Impératif

	Présent - Donner un ordre !	Passé
T	vien **s**	**sois** ven **u(e)**
N	ven **ons**	**soyons** ven **u(e)s**
V	ven **ez**	**soyez** ven **u(e)s**

Participe

	Présent - En…	Passé
	ven **ant**	ven **u(e)(es)**, **étant** ven **u(e)(es)**

* Si on avait utilisé les pronoms personnels « elle » et « elles », on écrirait le participe passé respectivement « venue » et « venues » à tous les temps composés

VOIR

Indicatif

	Présent - Maintenant		Passé Composé	
J	voi	s	ai	vu
T	voi	s	as	vu
I	voi	t	a	vu
N	voy	ons	avons	vu
V	voy	ez	avez	vu
Is	voi	ent	ont	vu

	Imparfait - Hier		Plus-que-Parfait	
J	voy	ais	avais	vu
T	voy	ais	avais	vu
I	voy	ait	avait	vu
N	voy	ions	avions	vu
V	voy	iez	aviez	vu
Is	voy	aient	avaient	vu

	Futur - Demain		Futur Antérieur	
J	verr	ai	aurai	vu
T	verr	as	auras	vu
I	verr	a	aura	vu
N	verr	ons	aurons	vu
V	verr	ez	aurez	vu
Is	verr	ont	auront	vu

	Passé simple - Jadis, le roi et la reine		Passé Antérieur	
J	v	is	eus	vu
T	v	is	eus	vu
I	v	it	eut	vu
N	v	îmes	eûmes	vu
V	v	îtes	eûtes	vu
Is	v	irent	eurent	vu

VOIR

Conditionnel

	Présent - Si j'étais riche, je...	Passé
J	verr ais	aurais v u
T	verr ais	aurais v u
I	verr ait	aurait v u
N	verr ions	aurions v u
V	verr iez	auriez v u
Is	verr aient	auraient v u

Subjonctif

	Présent - Il faut que...	Passé
Que J	voi e	aie v u
Que T	voi es	aies v u
Qu' I	voi e	ait v u
Que N	voy ions	ayons v u
Que V	voy iez	ayez v u
Qu' Is	voi ent	aient v u

Impératif

	Présent - Donner un ordre !	Passé
T	voi s	aie v u
N	voy ons	ayons v u
V	voy ez	ayez v u

Participe

	Présent - En...	Passé
	voy ant	v u, ayant v u

VOULOIR

Indicatif

	Présent - Maintenant	Passé Composé
J	veu x	ai voul u
T	veu x	as voul u
I	veu t	a voul u
N	voul ons	avons voul u
V	voul ez	avez voul u
Is	veul ent	ont voul u

	Imparfait - Hier	Plus-que-Parfait
J	voul ais	avais voul u
T	voul ais	avais voul u
I	voul ait	avait voul u
N	voul ions	avions voul u
V	voul iez	aviez voul u
Is	voul aient	avaient voul u

	Futur - Demain	Futur Antérieur
J	voudr ai	aurai voul u
T	voudr as	auras voul u
I	voudr a	aura voul u
N	voudr ons	aurons voul u
V	voudr ez	aurez voul u
Is	voudr ont	auront voul u

	Passé simple - Jadis, le roi et la reine	Passé Antérieur
J	voul us	eus voul u
T	voul us	eus voul u
I	voul ut	eut voul u
N	voul ûmes	eûmes voul u
V	voul ûtes	eûtes voul u
Is	voul urent	eurent voul u

VOULOIR

Conditionnel

	Présent - Si j'étais riche, je...	Passé
J	voudr ais	aurais voul u
T	voudr ais	aurais voul u
I	voudr ait	aurait voul u
N	voudr ions	aurions voul u
V	voudr iez	auriez voul u
Is	voudr aient	auraient voul u

Subjonctif

	Présent - Il faut que...	Passé
Que J	veuill e	aie voul u
Que T	veuill es	aies voul u
Qu' I	veuill e	ait voul u
Que N	voul ions	ayons voul u
Que V	voul iez	ayez voul u
Qu' Is	veuill ent	aient voul u

Impératif

	Présent - Donner un ordre !	Passé
T	veu x	aie voul u
N	voul ons	ayons voul u
V	voul ez	ayez voul u

Participe

	Présent - En...	Passé
	voul ant	voul u, ayant voul u

L'ACCORD DU Participe Passé *

Sans Auxiliaire	Avec l'Auxiliaire **Etre**	Avec l'Auxiliaire **Avoir**	
Le PP s'accorde	Le PP s'accorde	Le PP s'accorde si le COD est <u>avant</u> le PP	Le PP ne s'accorde pas si le COD est <u>après</u> le PP
		COD P	P COD
Ex :Essuyée,la vaisselle brille	Ex : la vaisselle est essuyée	Ex : Je l'ai essuyée	Ex : J'ai essuyé la vaisselle

* Je l'appelle PP ; ça donne un air de décontraction qui permet de s'y plonger un sourire aux lèvres.

Première édition : Février 2008

Deuxième édition : Juin 2008

Troisième édition : Octobre 2008

Quatrième édition : Février 2009

Cinquième édition : Février 2012

Sixème édition : Juin 2013

ISBN : 978-2-9527437-1-6